Premio Ateneo
1989

Uno
se vuelve loco

Daniel
Múgica

Planeta

Córcega, 273-279, 08008 Barcelona (España)

Diseño de tapas y portadillas: Hans Romberg

Segunda edición en esta colección: setiembre de 1990

Depósito Legal: B. 32.687-1990

ISBN 84-320-6061-5

Printed in Spain - Impreso en España

Impreso y encuadernado por Printer industria gráfica sa
Ctra. N. II, s/n, Sant Vicenç dels Horts, Barcelona, 1990

A Isa, los mejores ojos
que he conocido

... que no hay, sin ti, el vivir para que sea.

GARCILASO

1

AYER CALLÓ GLORIA, mi compañera. Se fue como todos los muertos, sin decir adiós. La entierro esta mañana, en el cementerio. Horizontes de réquiem y sepelio se vertebran en esta ciudad de los gusanos, cubierta de losas que afirman la levedad de la existencia. Las campanas tañen las voces de otra muerte, vulgar como la propia cuando llega, y la ajena, la de Gloria, igualmente vulgar, me destroza. Un cura encabeza el cortejo, agitando una campanilla con cierta teatralidad. Se detuvo ante un nicho —negro y soledad— abierto por dos empleados que contienen la risa. Recitó las virtudes de Gloria, bendiciéndola con la boca a rebosar de palabras como perdón, salvación y chorradas semejantes. No lo entiendo, Gloria nunca creyó en nada, ni siquiera en mí. No comprendo el afán redentor de su familia, un pequeño mundo estúpido. Parecen muñecos de trapo que padecen los manejos de la vida, que no marcha, tienen un aire patético y los trajes, desempolvados para la ocasión, huelen a naftalina. Han llegado hace rato. Han echado a llorar lagrimotes malva y sacado pañuelos sucios. Me han dicho gracias por asistir. Les he explicado que vivía con Gloria, estaba en la cama, pegada a mí, fría, muy fría, se le derramó el cerebro. Han pagado las flores, quieren que me guarde el dinero. El otoño había culminado y los árboles desparramaban las hojas como golpes de amarillo, trombas inmensas de amarillo que se repartían las avenidas, que se vencían en el ataúd de mi novia, poco a poco, introducido en su cubil. Hablaban entre silencios, uniendo palabras mediante tosidos y quejas y achacándose los errores cometidos con su hija. Se recriminaban fallos, peleas y el mimo: así se fueron. El mundo parecía un payaso que se burlaba de ellos, repleto de colores y muerte, en el cementerio.

Me alejé camino de la ciudad, esa vieja que nos arrastra hasta que olemos a vicio. Monté en el autobús —se nos había estropeado el coche—, el conductor, tocado con una gorra de plástico, babeaba en el salpicadero. Los perfumes del interior eran loción barata y sobaco. Una gorda me empujó y se sentó. Me desplazó, choqué con otra gorda, a su vez, volvió a empujarme. Llovía y a través de la ventana las gotas barrían el trayecto (significará la rara cualidad de la lluvia). Con qué tremenda exactitud estallaban las gotas, representando una ceremonia de agua sobre el autobús, que invade las calles, pega volantazos en curvas peligrosas, hace caso omiso a los semáforos grana. El autobús se para, bajo y las gordas me rodean, toneladas de grasa, sí, toneladas de grasa que apestan. Es mi casa, estoy en casa, pero Gloria no está, callaba tanto que nunca estaba. Desarrollaba el arte del silencio al borde de las sábanas, expresándose con una caricia, o un gesto, o una mirada, con esos ojos que inspiraban ternura. Se tumbaba en la cama. Yo la miraba. Era como una niña que intentaba descubrir algo de aquel universo infantil que se diluyó hace años, de cuyo recuerdo queda mamá cuando nos apoyaba en su regazo. Entonces se incorporaba bailando a un ritmo frenético, compuesto de piruetas. Reía, su risa era un bebé deslizado bajo la ciudad maldita. Su risa, que acaparaba mi afecto, rebotaba en las cuatro paredes, marcando pautas entre pirueta y carcajada, carcajada y sudor. Comenzaba a desvestirme, casi sin tocarme. «Te daré vida», decía al desabotonarme el pantalón, que al rato reposaba en el suelo. Luego se estremecía (sudaba a mares) y se arqueaba encima de mí, curvando las extremidades como una araña sobre su presa. Mientras, la ciudad amanecía con el ruido de los coches estrellándose en las aceras.

2

Subió Genaro, el pintor. Vivía abajo, en el sótano, amplio y desordenado y lleno de los cuadros de su próxima exposición, la semana que viene. Dijo: «Lo siento, no sé...» Qué iba a contarme, ¿el pésame? Cambió de conversación e hizo un par de chistes malos. Se dejó caer en el sillón, a juego con el salón: azules, la luz de la ciudad, la luz gris, botellas de cerveza, una mesa y el artesonado del techo, del que cuelgan monigotes de papel junto a una telaraña. Era un ático que no tenía sentido; a Gloria le entusiasmaba cambiar de sitio los muebles y los objetos que hacían más llevaderas las fatigas modernas. Hablaba de la complicidad de las formas, explicando que al moverlas de su lugar original, por puro capricho, por ejemplo, trasladábamos también algo nuestro, algo como el recuerdo, edificando un espacio donde compartir la locura, a veces cercana. Dejamos en un manicomio las estaciones, los almanaques y el dolor. Ya no los dejaríamos, Gloria murió. Le comento cómo la encontré, pegada a mí, en mi costado. «Mira, Genaro, estaba helada», demasiado helada, tiesa perdida. Tenía la quietud de los muertos, que ni rechistan al balancearlos para comprobar el grado de descomposición. No se descompuso, no había tiempo, no había marcas, fue interno. Llegaron los chicos de la Funeraria, metieron su cuerpo en un furgón, la habían jodido, después la enterré. Volví a casa y me bebí un par de cervezas.

Genaro comprende que no cuenta, que le he recibido como cabría esperar la hora del café, con indiferencia. Y se levanta y me mira y le faltan las palabras. Y le falta todo, hasta ella, que nunca faltó. Cómo aliviarle, cómo revelarle cuando se marcha, que sin Gloria no soy nada. Fui un niño astuto que se coló en su cama, incapaz de conocer sus secretos. Con un apretón de manos cerramos el trato: sólo nos diríamos el nombre. Lo demás, apellidos, referencias al trabajo, el pasado, no importaba...

Investigo en la memoria, se me escapa como una enredadera, escalando los muros de la noche, tan altos que resulta imposible alcanzarlos. Son parecidos al recuerdo, al fondo se componen de oscuridad. De esa oscuridad que nos pasa ante los ojos, como un naipe en el viaje de la vida y la muerte, evocando los reflejos de una realidad forjada en el sueño, que disfrutamos los dos, incluso desde la perversidad. Soñamos lo malo, los espectros que anidaban en el lado malvado del alma; sabiendo que, acrecentados, constituirían la tragedia. Y palacios deshabitados donde dedicarnos a las pequeñas manías, no practicadas en público por miedo a la vergüenza. Soñamos las caricias, un mal de amor, el sexo como un acto de redención y el silencio, y el silencio. Fabulamos sobre el misterio, construyendo la convivencia durante un año.

Antes, ¿qué hubo?

3

El invierno cubría las calles de frío, y los palacios, y la hora del café. Será la tristeza. Los termómetros marcaban 7° y los niños, abrigados con bufandas, se entretenían en matar pájaros a pedradas. Gloria lo decía: «Hace frío», las cosas de la vida la hacían tiritar. Pero qué cosas, qué porquería de pasado, de presente, de posible futuro, encerraba como un fantasma sólo capaz de asustarse a sí mismo.

Me dirijo a Montera, donde viven sus padres (una nota de vulgaridad en el entierro). Tomé la dirección de prisa, acompañado por la premura de la madrugada y la desolación. Las palomas invadían los alféizares, recuerdo las palomas, Gloria flipaba con ellas. Las prostitutas se vendían. Miles de obsesos visionaban películas X, Ginger Lynn, la estrella del porno americano, devoraba el falo descomunal de John Holmes. Montera tenía un olor rancio de puta, todas las calles de putas eran iguales, propagaban el SIDA, las chinches y las navajas. Montera sugería la casa de Gloria, sus padres, la tormenta, la lluvia sigue cayendo.

El padre me dijo hola y escupió en la alfombra. Tenía la nariz ganchuda y los ojos asfixiados, como de rata. Apareció la madre. Me arrastraron hacia una silla imitación Luis XIV.

—Te acuerdas, Aurora, de...

—¿De quién? —carraspea la madre.

—De...

—Max. Max —repito.

—¿Quién es?

—El novio de Gloria.

—No conozco a esa Gloria.

—Gloria, tu hija —responde el padre.

La madre mira al suelo y desaparece. Delante, a tres pasos, dibujaría a Gloria negándole el afecto, una nana y el beso en la mejilla antes de dormir.

—¿Qué le trae por aquí? —prosigue el padre.

—Vengo por información.

—No le entiendo.

—No sé a qué se dedicaba.

—No podré decirle gran cosa. Nos abandonó cuando tenía quince años. No volvimos a verla hasta esta mañana, porque llamaron de la Funeraria... ya era tarde.

Después permaneció callado. Como alguien que recibe una noticia fatal, un día cualquiera, de buenas a primeras, por teléfono, esta mañana, de un sujeto que modula la voz y se queja y es suave al hablar de la muerte. «No la volvimos a ver, entiende, no la volvimos a ver», carga con las culpas y hay lágrimas que le deforman el rostro. Y el frío, concentrado frente a la ventana, helaba la ciudad. La madre nos ofrece café y panecillos y se muerde el labio y recuerda a Gloria, que odia, que odia, que odiará siempre, la niña se le fue y ella es inocente. La imagino saludando a los vecinos, preocupada por el casero, no vaya a constiparse y la pife. La siento con claridad, sentada a una mesa baja y de madera, meditando en silencio, despidiendo a papá con «Duerme bien». La miro más tarde, quejándose como los adolescentes, haciendo el equipaje, lo necesario, sostenes, un impermeable, el recuerdo de la infancia reciente. Luego pasaron 16 años. A mí llegó con 31, uno más de convivencia y se esfumó, se le derramó el cerebro.

Hacía frío, los padres, el panecillo seco, la casa, eran el hielo, el hielo, el hielo. Me encaminé hacia la Puerta del Sol, muchas putas en Montera, muchos tipos. Tropecé con un borracho. Se aferraba a una farola como si se tratara de una mujer cubierta de botones y seda. Gloria conocía el truco de los botones, no se le resistían, Gloria conocía tantos trucos. Seguí andando, a tres pasos un muchacho resbaló y se partió el brazo, Gloria me partió la vida. Me interné en el pasadizo de San Ginés, había una chocolatería y se escuchaban gritos en su interior. No cesará la lluvia.

4

LAS LUCES SE AVECINARON en formaciones claramente crepusculares. Amanecía. Me ardía el estómago a causa de los whiskis; y el chocolate que había tomado en un garito, cuando llovía. El sol se convirtió en una antorcha, quería levantarme, quemaba. Me da asco el sol. Y las resacas. Aún tenía sueño y todavía el dulzor del cacao me revolvía las tripas. Hurgué en los cajones. ¿Dónde estaban las medicinas? Seguramente en su armario, cercano a la puerta del dormitorio. Allí iba guardando los detalles, según ella, que conformaban la importancia de la vida más allá de los grandes acontecimientos, al final, fechas pasajeras de un calendario. Abrí el primer cajón, había anfetas, aspirinas y salvacolinas, ideales para el estreñimiento. Me tomé dos. A Gloria no le hubiera gustado que mirara en el mueble, lo habíamos pactado. Ya no debería respetar el trato, a los muertos no se les respeta, a lo sumo se les compadece por haber muerto. En el segundo cajón el pasado se amontonaba en notas, partituras (Gloria leía música), telegramas, lápiz de labios (del que abusaba), gomas, su olor y fotografías (la mayoría de ambos) del abismo al que nos lanzamos a velocidades vertiginosas, desgarrando la ciudad de lado a lado, con los amigos, las marcas y el absurdo. Había una foto que me desconcertaba. No la conocía. Gloria, con pinta de adolescente rebelde, se encariñaba con un tipo maduro, vestido de cuero negro y sentado en una motocicleta de gran cilindrada. Tiene una falda escocesa —la lluvia— y el pecho incipiente delimitado por la humedad y el pelo cortado como por un desastre. No mira a la cámara, únicamente besa al tipo de la moto, que sujeta un cigarrillo entre los dedos y que tampoco mira a la cámara porque únicamente besa a Gloria. Se ha dejado barba de tres semanas, una cadena alrededor de la cintura y una gorra que se le apelmaza en la frente.

12 h. Exterior mediodía. Pasó el dolor de estómago. Los perros del sol ya están en todo lo alto y el viento y el frío soplan con locura como aquel otoño, el de hace un año, cuan-

do la conocí. Estaba en un bar. A mi izquierda una mujer trasegaba una botella de ginebra en un vaso ridículo que iba rellenando a cada trago. Un sujeto, de esos que nos lían con la tibieza del borracho, metido a seminarista como explicó, refería, embriagado por el alcohol y la belleza de aquella mujer, las virtudes de la Iglesia, resumidas en María. Aquella mujer, como prieta en la tierra, levantó la cabeza, era fantástica, así, medio bebida, y exclamó: «María, qué María.» El seminarista contestó un par de tonterías. La mujer: «Tanta iglesia y tanta leche.» El seminarista se santiguó y le cruzó la cara. Yo le rajé la ceja, la sangre se derramaba como una llovizna de misericordia, lavando sus pecados mortales. Aquella mujer me guiñó un ojo, pedía fuego, hubiera incendiado el mundo para encenderle el cigarrillo. Tenía los ojos gigantes, altivos y pálidos, todo azules, y decidió echarse una bufanda a los hombros, darme las gracias y enfilar a una salida que el barullo del bar no dejaba adivinar. Caminaba fatigada, apenas rozaba a la gente. Se abría paso avisando, diciendo «Por favor», y los hombres la miraban. Esos ojos como de mono, ella, conmigo detrás, pisándole los talones, se dirigía al umbral, ajena al alboroto, un borracho desvanecido en el suelo que clamaba al Cristo de los desesperados. Flotaba un rastro de tabaco y sudor en el aire. Y la seguí inseguro, arrebatado, uno se vuelve loco. El bar atendía al borracho. Ella abrió la puerta y las brumas la mancharon de oscuridad. Cruzó la calle, fue a coger un taxi. Y fue a subir y le pisaba los talones...

—¿Dónde vas?

—Monta.

El taxista aceleró, aquella mujer se insinuaba, debieron ser las brumas, al apagar el cigarrillo en un cenicero de la portezuela. Al encender al instante otro, requiriendo el fuego de antes, mi mano, que acariciaba entre las suyas. Me besó, las brumas le engrandecían la boca, las brumas que despertaron mi amor. Un beso que se apagó a dos manzanas. Aquella mujer me rogó que saliera del taxi, parado en una esquina, el fulgor de su tacto, al despedirme. Y continuó ruta. Quedé abandonado sobre el asfalto, un mal de amor, la intensidad de sus labios se desperdigaba en la distancia dentro de un taxi que no me preocupa.

Días después la vi de nuevo, era noviembre. Hoy ya es diciembre, un año después. 12.30 h. Exterior mediodía. Miré a la calle, tras la ventana, un pájaro me sustrajo del recuerdo, se había fracturado una pata, aleteaba con rabia y emitía un agudo silbido de pena. El miedo, el miedo a Gloria y su pasado, me aconsejaba sepultar la memoria en la oscuridad, los mocos, las lágrimas y algún bamboleo de su ataúd. Aquella noche, aquella mujer, antes de morir, me hizo el amor, cuando las brujas andaban de resaca por los bares.

Llegó llena de paquetes. Oí el chirrido de la cerradura. Oí cómo resbalaba. Oí el estrépito de una botella de aceite al romperse. Oí el suelo y el aceite. Gloria se torció el tobillo. Me agaché a consolarla. Pidió una crema. «Está en ese armario.» La extendí en la hinchazón, su aliento, podría describir su aliento, el tacto al tocarme, el fulgor del tobillo al brillar. La crema era pegajosa, a contraluz destellaba, su aliento, toques de fresa. Gloria jugueteaba en el interior de mi camisa, pringándome con el aceite que se debatía en el suelo. El duende de su sexo, se desmenuzaba, iba tirando la ropa en círculo, la falda verde y el abrigo naranja, y los zapatos rojos

—el rojo, su color, su fuerza— de tacón alto. Se irguió sobre mí, de espaldas, su sexo, insisto, un túnel y aceite debajo, como una balsa, se balanceaba encima de mí. Sabía moverse y hacer feliz a un hombre, sentirme hombre con ella encima, había sentimientos primitivos y ternura. Las brujas, borrachas como de costumbre, nos enviaban un conjuro y el sudor anunciado tras un arlequín amarillo. El encantamiento se urdió en el parqué, la intensidad del calor parecía hervir el aceite, mezclado con el vapor del sudor, la crema y el movimiento: otra hoja perdida.

5

Son las seis de la mañana, podrían ser las seis de cualquier mañana, vacía como una alcantarilla y su tumba. No lograba dormir —la obsesión— y las sensaciones se evaporaban como rayos al desintegrarse. Palpaba la almohada para hacerlas tangibles, con la intención de extraer la figura de mi novia y recomponerla en las sábanas, un tablero en el que la reina era ella.

Decidí estudiar la fotografía. Vestía una falda de colegiala y besaba salvajemente al tipo de la moto. El tipo de la moto magreaba entre sus piernas. La cámara estaba delante y Gloria se estrujaba la mano y doblaba la espalda y gozaba de verdad. Las motos vomitaban gasolina en esa foto, atestada de tíos con cabezas rapadas y tirantes. Uno de ellos vocifera. El ruido. Había un holocausto y las cenizas giraban en torno a la mano del tipo de la moto, de unos treinta años. Y al pubis de Gloria, huida del hogar y de todos los tambores que tocaba en la vida. Llaman a la puerta, debe de ser el diablo.

Sólo era Genaro, le sangraba el labio inferior y el codo del brazo izquierdo. «Vengo de la galería, trabajo mucho, la exposición debe quedar bien. Se me pasó la hora, estaba amaneciendo.» Me cuenta que le han pedido la cartera a punta de navaja. «Me puse a correr y me cogieron. Tuve suerte, me dieron un par de bofetadas y me dejaron en paz. Eran cuatro.» «Aunque fuera uno, Genaro; mírate.» Pesaba noventa kilos, estaba un poco dejado.

Al atardecer, empujándonos a una pastelería, compraba bollos de nata que Gloria le robaba y cambiaba al rato por unas cervezas, de las que guardábamos en la nevera. La nevera disminuía y su estómago se hinchaba grande y líquido como el sexo de una mujer. Le habían rajado el cuadro, lo traía al estudio para matizarlo con óleos marengo. «La exposición debe quedar bien.» Le ofrecí una cerveza, se la bebió de un trago. La segunda se la tomó con calma. Me aburría su labio, como preñado de sangre. Me urge hablarle de Gloria.

—Tranquilízate.

—Gracias, Max.

—Oye, mira esta foto.

—Le conozco.

—¡Qué!

—Sí, de oídas.

—De oídas de quién.

—De Gloria.

—Nunca me habló de él.

—A solas, en el sótano.

—A solas...

—A veces bajaba y charlábamos.

—No lo sabía.

—Bajaba y me besaba. —Silencio—. Me daba largos besos sin venir al caso, aunque te quería a ti. Le contabas los sueños, las ilusiones de un futuro mejor.

—Genaro, estoy asustado. No sé nada de ella.

—¿Quién la conocía? —repuso.

—Háblame del tipo de la moto.

Genaro enciende un cigarrillo. A Genaro le tiembla el labio.

—Gloria me dijo que al cumplir quince años se fue de casa. La recogió este tipo.

Me devuelve la foto y señala al tipo de la moto.

—¿Nada más?

—Mira en la Vía Láctea.

—¿Estás seguro?

—Hace tiempo estuve con Gloria en la Vía, apareció el fulano. Era jueves o viernes, no recuerdo exactamente. La cogió del brazo e intentó abrazarla, Gloria se lo impidió. Sonrió y volvió a la barra. Terminó su bebida y se largó.

—Gracias, Genaro. Cuídate el labio.

Habían fastidiado a Gloria, habían hinchado el labio de mi amigo, la ciudad se despedazaba. Había demasiada tensión en el ambiente, un exceso de dramas que confeccionaban cajitas de pino a medida y depresiones. Se detuvo en el umbral, volteó la cabeza.

—Cuídate tú también.

—Duermo mal.

—Será eso.

Cuando se fue pensé en ir por la noche a la Vía Láctea.

6

LA NOCHE, un enano vestido para la quietud, todo de luto, se asomaba dibujando figuras grises en el invierno, que escupía cristales de granizo como huevos de avestruz, clavados literalmente en los parabrisas y vitrinas de la ciudad. El viento se alzaba en los riscos de la sierra, un viento que se mete en los huesos y te cala el alma. Se me congelaron los dedos del pie, debido al frío, que hasta escocía. Me dirigí a Malasaña, una desbandada de calles en la que los bares estaban pegados, fabricaban una geografía de hormigón, luces, alucinaciones y borracheras. Del café de Manuela surgían notas de melancolía, un negro tocaba el piano y canturreaba canciones de Billie Holiday. Entré en la Vía Láctea esperando encontrar al tipo de la moto, los tirantes, las cabezas rapadas...

El humo formaba esferas y escapaba hacia el invierno. La intemperie. No deduzco más cosas que los bares, los conozco bien, se llenan de individuos que fuerzan una sonrisa o fruncen el ceño como los duros de las viejas películas. Había gestos estudiados y cantidad de teatro. Olía a anís y Capitán Morgan, ron jamaicano de 43°. Se sospechaban bajo los focos la máquina registradora, las botellas, alguna mujer. Y había una penumbra de río.

Una mujer compró tabaco, tenía unos tobillos sonrosados. «¿Tienes hora?», pregunté. Respondió con una evasiva, se incorporó y se fue. Estaba delgada y cimbreaba las caderas con lujuria. Era una de esas mujeres que pican como una herida cerrada con pólvora y ginebra, una de esa mujeres que se incrustan en la conciencia como animales, cristalizando el caos. El camarero se contorneaba contra las sombras al servirme el vaso (Gloria se contorneaba cuando era preciso, ya sometida a la inercia de mi cuerpo), intrigado por la fotografía. Dice no conocer al tipo de la moto, dice decir quién le conoce o, al menos, puede conocerle. Señala a un hombre, las sombras ahora son rectángulos y simetrías dispares de leves alucinaciones de castillos y el suspense, vestido igual que el tipo de la moto, de cuero negro la cazadora y el pantalón. Rodeaba la cintura de una pelirroja. Tenía la mejilla izquierda partida por una cicatriz, fumaba un puro infame, mordisqueando con rabia la punta. Y se le marcaban una barbaridad las comisuras de la boca. Había un bulto de armas en la ropa, miraba de frente, a los ojos, sin levantar la cabeza.

—Buenas noches.

—Qué hay.

—¿Sabe quién es este tipo?

Estudió la foto, mascó tabaco, me investigó desde detrás de las cejas.

—Quizás. ¿Qué le busca?

—Respuestas.

—¿Sobre?

—Una mujer.

Apuntó en una servilleta la dirección.

—Dígale que le manda Aurelio.

Me largué y besó a la pelirroja.

Leí la dirección. Era tarde. Los camiones de basura tiraban mondas de naranja a las aceras. Muy tarde para llamar al tipo de la moto. Las sombras se convierten en una fosa, como el sueño y el terror.

7

DICEN QUE EN LA CIUDAD, cuando es tan tarde, se escuchan aullidos tras las ventanas, a veces se empañan los escaparates, de ratas abiertas en canal por una cuchilla de silencio. Dicen que luego trepan las alimañas a la ciudad y tragan los restos. Y copulan en las tumbas y bailan y ríen y engendran nuevas ratas en los límites de un vertedero para comer basura, volver a engordar y de nuevo bailar y reír y engendrar. Son obesas, peludas y obscenas, y tienen pelos grises en el hocico. Dicen que en la ciudad hasta las ramas son grises, que no existe otro color. Que comenzó en las antenas y se expandió a los tejados y a los desagües, que todo son acuarelas grises como el desasosiego de una araña.

A veces las vitrinas, oscurecidas por la escarcha del invierno, se ocupan de la ternura. Entonces las arañas revientan de tristeza...

... Si te contara, Aurelio, ya sabía que te encanta abrir ratas en canal con las cuchillas del silencio, no me ha sorprendido tu rudeza. Ya sabía de ti, en la fotografía, cerca del tipo de la moto, vi tu rostro gris y casi palpé tu obesidad.

Me he limpiado el jersey. Cuando salí de la Vía alguien me lanzó un cubo de agua. Alguien que odia el ruido y los malditos tambores. Tengo que dejar de arrastrar los pies. Me gusta caminar, aunque no lo haga con la elegancia de Gloria. Me dirijo al Delany, un bar de la calle Belén; la conocí allí, había un borracho. Voy a permitirme una borrachera, a la salud de mi novia, era fuerte, o lo parecía, pero se le derramó el cerebro. Soy un imbécil que arrastra los pies. Soy un idiota, un idiota que tiembla por una mujer, sólo se tiembla por una mujer. Por Gloria temblaron las palomas, recuerdo las palomas, Gloria flipaba con ellas. Estaban en la azotea de casa. Palomas de alas cóncavas que chillaban al sentirla, embutida en un camisón de algodón, se agachaba, al mediodía, con una cesta de trigo y maíz. Corría la verja y les echaba el alimento. Casi se despedazaban para tomar la ración, durante un año. He regalado las palomas, no me apetece agacharme. Miro al cielo y las nubes no son palomas, sino buitres acelerados en picado contra un alba tardía. Recuerdo las palomas y un borracho. Recuerdo a mi novia vestida con unos pantalones de pana amarilla y una blusa de seda, en el Delany, oyendo con desgana las memeces del seminarista. Tengo grabada esa escena. Miguel, el pinchadiscos, me gritó por organizar la pelea: «Perdona Miguel, a una mujer no se le pega.» «El que pega a una mujer es un cobarde.» Elena, su chica, feúcha y simpaticona, aplaudió mis palabras y le condujo a la cabina y aquella mujer me arrastró a la calle.

La semana siguiente la vi de nuevo, era un martes especialmente frío, se acodaba en el mostrador. Me acerqué. A lo mejor quería decirle escucha princesa, dónde te has metido, te he buscado en todos los bares de la ciudad. De tanto susurrar su nombre no me quedaban fuerzas para pensar en un saludo. Podría decirle hola, seguramente quería decirle hola, pero sonaba vulgar. Sonaba a nada y yo estaba allí, fijándome en sus labios. Enfrente de ella, estudiando cómo miraba el vaso, perdida en no sé qué infierno. Totalmente quieto, no me atrevía a hablar, intentaba romper el hielo. Entonces Gloria se volvió.

—Te esperaba. Estaba esperándote. Estaba bebiendo. Esto es un beso de alcohol.

Apestaba a ginebra mezclada con el aliento que me había enamorado. Se me antojaba un postre de fresas y moras, pero al licor. Rompió a llorar en mi hombro, aterradoramente silenciosa, prescindía del típico gimoteo, absorbiendo las conversaciones que flotaban en el ambiente. Parecía crear el vacío, el mismo vacío con el que chocaba al preguntarle, esa noche, sobre su pasado.

—¿Qué ocurre?

—Nada. Me voy contigo.

Recogió una maleta de cuero años 20, el bolso, y desaparecimos del Delany.

La quise, la quise tanto que atravieso el Delany recordando su saliva de fruta y ginebra. Miguel me saluda y dice que hace un rato ha estado Genaro en el bar. Le ha dicho lo de Gloria y bueno, lo siente. Elena dice otro tanto, ofreciéndome una de sus monerías y la compasión. Les pregunto por el viaje al sur, del que han regresado recientemente. Miguel dice que ha estado bien, aunque se queja del menú, latas de conserva que calentaba Elena pensando que tardarían poco en comer y tendrían más tiempo para holgazanear. Luego hablaron de los paseos por el malecón, reservándose la explicación de los besos y posibles guiños frente a la mar preparando una noche de insomnio, de las que transcurren entre sábanas y vacilaciones, condicionadas por el traqueteo de los muelles y el colchón. Lo sospeché porque Elena puso cara de vicio y llamó cerdo a Miguel, que sonrió al punto con sequedad —era un buen tipo disfrazado de malo en una sociedad de estiércol—. Sacó de algún sitio una botella de whisky y rellenó los vasos. «Bebe y olvida», decía. «Bebo Miguel, pero me está matando la pena.» «Me estoy muriendo por Gloria, no la conocía. Habíamos quedado en ello, no nos revelaríamos nada más allá del nombre. Aunque yo se lo conté todo, la presenté a mis amigos, le comenté mis temores, la porquería de vida que llevo viviendo de las rentas, vagando por los bares como un inútil. Ya sabes que tengo mucha pasta. El viejo me la dejó antes de pegarse el tiro. El hijo de puta no tuvo la delicadeza de hacerlo a solas. Vino a mi cuarto y me soltó lo de la depresión, le importaban un carajo sus negocios. Todavía le pesaba lo de mamá, fue cuando nací, algo falló, la cesárea creo, se desangró en la mesa del quirófano. El viejo se apoyó en la cabecera de mi cama, me besó en la frente y disparó volándose la tapa de los sesos.»

La historia causó impacto en Elena, que esbozó una mueca de asombro no sabiendo dónde mirar. En cambio Miguel, con la mayor naturalidad, dijo que ya estaba bien de tanto lloriqueo. A fin de cuentas el mundo estaba lleno de mujeres dispuestas a dejarse la piel por uno. Repitió: «Bebe y olvida.» Cogí el vaso y di un trago. Advertí que Elena le pasaba un papel a Miguel. Fue al cuarto de baño y volvió, al poco le brillaban los ojos y tenía la cara realmente desencajada. De nuevo blandió la botella de whisky sobre las copas, las llenó, y desdobló el papel; me mostró el contenido, era coca. Contuvo la respiración, frunció el entrecejo, se humedeció los dedos y los deslizó por la droga. Pringó los bordes de los vasos y rezongó: «La especialidad de la casa.» Lamimos los bordes y se nos cargó la mirada de luz ficticia. Comenzó a latirnos el corazón con fuerza y comenzamos a reír, y los focos del local comenzaron a apagarse debido a un interruptor que Miguel había accionado. Se fueron los clientes y subió el volumen. El ruido que emanaban los altavoces se adueñaba de los demás sonidos: la cisterna del baño, los bocinazos del tráfico nocturno, las toses de Miguel y la memoria de las palabras de Gloria:

—Después de mí no quieras a otra mujer.

8

SERÍAN LAS SIETE de la madrugada. Terminamos de beber. Estreché la mano de Miguel, le obsequié a Elena con un par de besos y me despedí. Enfilé hacia Almagro, donde vivía, atravesando una ciudad acorralada por los atascos y la polución, herida de muerte. Me paré en un escaparate a observar los turrones, esta noche era Nochebuena y mañana Navidad. La Navidad me repugnaba y no pensaba celebrarla, pero seguro que Genaro me invitaría a la cena, a la que asistiría Alba, su novia, y *Remo,* el gato de su novia. Cena a la que debía ir, la razón era simple: Genaro se portaba amablemente conmigo. No tenía sueño y fui a despertarle.

Bostezó señalándome el interior. Sorteando lienzos, libros y pinturas, llegué a la cocina. Preparé café. La cama estaba en un lateral del salón, acoplada a la pared. Desde la cocina podía divisar a Alba, arrellanada en la cama, se chupaba el dedo, envuelta en las sábanas como un bebé. Tenía el pelo largo, una piel aceitunada y un cuerpo menudo. La zarandeé y despertó regalándome una sonrisa. Estaba estupenda. Cuando intenté disculparme me cortó con «Da igual, voy a trabajar dentro de un rato». Trabajaba en un despacho de abogados, resolviendo casos de hurtos, estupefacientes y violaciones. Pero lo que deseaba era abandonarlo y dedicarse por entero a la viola de gamba, en la que practicaba muchas horas. Eso sería dentro de poco, así se lo anunciaron los posos de una taza de té. Era medio bruja, o lo afirmaba. Hace meses, disponiendo las cartas en círculos mágicos, nos auguró la desgracia. Desgracia de la que Gloria se burló, la verdad es que se burlaba de casi todo.

Se destapó y fue a la cocina. El gran Genaro la alzó en vilo besándola con auténtica devoción. Después la miró queriéndola de veras, Alba miró a *Remo* queriéndole de veras. *Remo* corrió hacia ella y la mujer le acarició. Entonces *Remo,* el cabrón del gato, maulló feliz.

—Os dejo, todavía no he dormido.

—Quédate y hablamos —dijo Genaro.

—Mejor os espero en la cafetería.

9

ME LEVANTÉ AL MEDIODÍA bastante resacoso. Me estallaba la cabeza y vomité alcohol y sangre. Olvidé apuntar, ensuciando las baldosas del cuarto de baño, el retrete y el espejo, que reflejaba la imagen de un rostro demacrado y de ojos castaños. Bajé a la cafetería. El camarero dijo que mis amigos esperaron y que se fueron enojadísimos. Luego me dijo que la cena era a las nueve. De paso preguntó por Gloria, hacía unos días que no la veía. Preguntó por la mujer que desayunaba café con leche y zumo de naranja, tomando los lunes un licor, generalmente de pera o manzana. Por la mujer que algunas noches le hablaba de la vida, en la que se desenvolvía con dificultad, excitando a su alrededor el misterio. Le contaba mentiras sobre nosotros, diciendo que éramos hermanos, que nos acostábamos, y que nos encantaba ese morbo. Engaños que luego yo aclaraba. Engaños o formas de la provocación. Gloria intuía que la disciplina y el concierto de las cosas desembocaban en el aburrimiento, que eludía prefiriendo el caos, en ocasiones forzado. Lo normal era pasar una noche al mes en comisaría. Gloria no pagaba en algún restaurante y, borracha perdida, montaba un escándalo buscando la atención de la clientela, compuesta por adustos ejecutivos que llamaban a la policía. De madrugada pedía perdón al comisario, prometiendo volver y desembolsar el dinero. Promesa que nunca cumplió. Respondía a mi enfado «Vámonos a casa». Yo asentía totalmente hechizado. Entonces nos lo hacíamos. Entonces, al finalizar, decía:

—Después de mí no quieras a otra mujer.

Hacía unos días que el camarero no veía a Gloria. Confesé lo de su muerte, confesé que los chicos de la Funeraria insinuaron algo de un derrame cerebral, un mal de amor, muy habitual en esos casos, no había marcas, fue interno. Una suposición que el juez, al levantar el cadáver, dio como válida; aunque mandó efectuar la autopsia, cuyo resultado, por el momento, no me ha enviado.

Al salir de la cafetería el último diluvio se

estaba apaciguando. Sólo los grandes charcos formados en los desniveles del suelo quedaban como restos de la lluvia, que durante cuatro días había asolado la ciudad. En los periódicos se leía que se habían desplomado las chabolas, contando una decena de muertos entre niños y ancianos. Un buen trecho de la calle se hallaba vacía, el agua había barrido la basura de la superficie, apilándola contra los bordes de las aceras, que servían de parachoques. Me acerqué al taller donde Gloria dejó su coche antes de morir. Funcionaba mal el motor de arranque, con lo que pasaba mucho tiempo empujando mientras Gloria me increpaba «¡Más fuerte, empuja más fuerte!» y el coche se deslizaba por una recta y Gloria no metía la segunda y yo seguía empujando y Gloria se reía hasta que decidía meter la segunda, arrancar y decirme que subiera en marcha, con lo que yo corría al tiempo que Gloria aceleraba para continuar «¡Más fuerte, corre más fuerte!», y yo al fin montaba y Gloria me daba palmaditas exclamando «¡Muy bien, corres muy bien!».

El mecánico me saludó enseñándome la factura. Pagué y encendí el contacto, iba en busca del tipo de la moto. La lluvia cesó del todo y el atardecer se inundaba de una humedad floja. La humedad tras la lluvia se prolongaba un puñado de horas, untando el cielo con unos tonos que atenazaban el corazón. La tristeza debía tener el mismo color, semejante a una nebulosa imaginada en la mezquindad de la vida. El hecho de nacer ya era mezquino, era como despertarse y saber que a la vuelta de una esquina un mal rayo te podía enterrar. Saber con certeza lo de Gloria, saber que de ella no sé nada, a excepción de su huida y el encuentro en la fotografía con el tipo de la moto y un tal Aurelio, que me indicó esta puerta, este número de Serrano. Saber que arriba, en un piso, conoceré al tipo, y que el tipo la tocaba entre las piernas, y que Gloria gozaba con otro. Y el otro no era yo.

Bordeé otro charco, ocupaba un tramo de la acera separándome del portal, defendido por altos espejos incrustados en los laterales. Espejos que devolvían visiones tan sigilosas como Gloria y su pretendido misterio, en los que las escaleras de mármol se cortaban accediendo a un ascensor antiguo y mal conservado. El asiento estaba forrado de parches y la verja del tercero oxidada. Llamé.

Abrió una interina, vestía el clásico uniforme y las tetas le basculaban con gracia, tetas como globos demasiado inflados. Pregunté por el señor, diciendo que venía de parte de Aurelio. Entonces la interina me acompañó al salón, decorado con un gusto pésimo, a base de tapices de caza, de lámparas de cristal labrado con motivos florales. Franqueó una puerta y cuchicheó mi nombre, también el nombre de Aurelio.

Regresó con un hombre.

Enfrente de mí, con el rostro severo y avejentado, se detuvo el tipo de la moto. Una cabeza más alto que yo era de andares toscos, hombros robustos y mirada inquieta. Estaba embozado en una chaqueta de tweed y olía a colonias caras. Había perdido las ropas de cuero en un rincón del pasado, conservando la barba, actualizada mediante un grupo de canas a la altura del mentón.

—Siéntese, amigo.

Me senté en un butacón y él lo hizo en la mecedora, alcanzó una campanilla y la agitó. La interina nos sirvió café.

—Creo que le envía Aurelio.

—Sí.

—El viejo de Aurelio, fijo que sigue con esa

señorita. Una pelirroja... —silbó y describió a una mujer con las manos—, ya me entiende usted. ¿La conoce?

—De vista.

—Sabe amigo, habla poco. A ver si nos aclaramos, si usted no me explica qué quiere yo no podré ayudarle. A mí me gusta ayudar a la gente, pero compréndalo, no tengo todo el día. Desembuche de una vez.

—Se trata de una mujer.

—Una mujer, busca a una mujer desde luego. Permítame aconsejarle...

Saqué la fotografía y el tipo enmudeció.

La sostuvo como se sostiene el pasado, borrando de la memoria las turbulencias de aquellas escenas que acecharon nuestra conciencia.

Arrugó los bordes.

—¿Qué quiere saber?

—Tengo entendido que se escapó de casa, usted la recogió.

—Así es.

—Siga.

—Antes dígame cómo se llama.

—Era su amigo.

—¿Era?

—Murió hace cuatro días.

—Lo siento —no sonó convincente.

—Hábleme de ella.

Me miró con aire forajido.

—Me la encontré tirada en la calle, estaba tiritando, parecía enferma. La traje a casa. —Silencio—. Cinco años. Un día se largó.

—Por las buenas.

—Dijo: «Adiós, te llamaré algún día.»

—¿Por qué escapó?

—Ni idea. Escuche amigo, ha sido una conversación agradable, aunque pregunta demasiado, no es correcto avasallar a alguien que no se conoce. No quiero parecer grosero, pero no vuelva, tampoco investigue más. No me tome a mal, lo digo por su salud, tiene mala cara, le vendría bien olvidarse de Gloria y tomar unas vacaciones. Hágame caso, olvídese y descanse una temporada.

Con esto me despidió.

Fui a la calle.

No llovía.

Comenzó a nevar. La suciedad de los charcos se cubrió de escarcha. Se abatieron copos gigantes en el coche, cambiando su color rojo y brillante por el blanco que invadía la ciudad. Desde el balcón el tipo de la moto me escudriñaba, vigilando cómo arrancaba y me difuminaba entre las avenidas, conduciendo con el espesor de la ciudad golpeándome la cara. El viejo espesor de la ciudad crecía en el asfalto con la celeridad de un puñal que corta carne. El espesor del que hablaba Gloria, cuando soñaba huir de la civilización hacia una isla desierta, conmigo y una mochila de ilusiones a la espalda. Un espesor que se podía tocar con asomarse a la ventana, flotaba en el aire. La ansiedad. Era la fusión de los pequeños problemas de cada individuo, una fusión que influía en el ritmo de la ciudad. Daba una sensación de vértigo muy extraña, con la diferencia de que desde lo alto del rascacielos, en vez de divisar un montón de hormigas, se intuía el terror de la vida como una caída de muchos metros. Gloria lo supo antes de huir a la isla desierta; antes de cargar la mochila, no tuvo tiempo, la habían jodido.

10

ERA UNA NOCHEBUENA sin nada especial, como de costumbre se reunían las familias y discutían en torno a odios forjados en años de convivencia. Colgaron a lo largo de las calles las luces de todos los años, desperdiciando el dinero en unas bombillas que sólo conseguían deslumbrar. Resultaba ridículo pasearse por una ciudad en la que se veían carteles de felicitación. El 24 de diciembre no era un día alegre ni emotivo. Al revés, era como una impertinencia, y además hacía frío. Un frío que sentí con el tipo de la moto. Un frío estremecedor presagiaba los posibles males y las futuras respuestas sobre Gloria y su pasado.

Pienso lo del frío, lo asumo como propio, me oprime. Asumo todo lo tuyo, lo que jamás tuve, eso del misterio, eso del pasado que desbrozo ahora, a cuatro días de tu muerte. Voy componiendo la escena, aunque todavía me faltan unas cuantas claves. He averiguado que después de huir te fuiste con él, y que lo abandonaste con veinte años. Pero los once siguientes ¿dónde estuviste?

Hablo demasiado de ti, me nutro demasiado de las cosas que realizamos juntos, incluso de la evasión hacia el futuro, al que te lanzabas despreciando palabras que no pudimos expresar. Cuántas veces me hubiera gustado contarte lo mucho que te amé, pero según tú no hacía falta, lo notabas y eso te bastaba. A mí también me bastaron tus caricias, aunque no hubiera estado de más un poco de cariño, podías haber dicho T.Q. Era fácil, una cuestión del alma, pero no fuiste capaz, te lo habían arrancado, llenando el lugar de vacío. Es lo único que te dejaron: la nada. Y este coche de lujo, y el dinero, lo tenías en grandes fajos que gastabas en ropas, cenas y caprichos. Estabas forrada, claro que yo nunca supe quién te lo enviaba, los martes, en una caja de puros con el sello de urgente. Los martes cogías algunos billetes y guiándome a los locales de la ciudad, donde hicimos causa común con el alcohol, nos atiborrábamos de Gin-Fizz. Te saludaba bastante gente, que preferiste no presentarme, sujetos con cara de pocos amigos y músicos ambulantes, me asombraba, una capacidad que nunca perdí, la cantidad de músicos que conocías. Gritaban tu nombre y acudías a los portales en los que tocaban, mientras yo me retrasaba y ellos me miraban arriba y abajo aprobándome con un movimiento de cabeza. Uno comentó: «Los tiempos han cambiado, Gloria.» Y tú te revuelves y me miras y respondes: «Para bien.» El músico se acercó y me dijo: «Cuídela.» Después te pregunté por él y te escondiste en las cláusulas de nuestro trato, del que no me harté hasta tu muerte.

La muerte hiela como la visión de la belleza, como el frío, una constante mutua, y como la nieve, agolpada en mi portal. El portal de Genaro, por el que desciendo una Nochebuena cualquiera. Una constante mutua como llamar a las puertas y recibir los saludos, y recibir las miradas, y recibir el beso de Alba, que se pone de puntillas, y recibir el gruñido de *Remo,* que se agazapa. Han colocado una mesa circular en el centro del salón. Estaba bien surtida: entremeses, pavo, trufas y turrón. Genaro me ha alcanzado una silla y de repente se ha apagado la luz. *Remo* me ha gruñido de nuevo. Interior noche, se hace la luz. Sobre el círculo de la mesa, iluminado por las lámparas y el brillo de la luna, reposaba un volumen de Oliverio Girondo, poeta argentino, con el dibujo de una paloma en la portada, recuerdo las palomas, Gloria flipaba con ellas. Adoro a Oliverio Girondo, llevo años tras este libro, llevaba un año leyéndole a Gloria uno de sus poemas, descubierto en un recorte de periódico, tirado en la calle, como ella, tirada en la vida. Adoro a Genaro, y a Alba, que adora al gato.

—Menuda sorpresa. ¿Dónde lo has comprado?

—Se lo robé a un amigo.

—Y alguna idea para tus cuadros —intervino el sarcasmo de Alba.

—¡Tengamos la fiesta en paz! —acotó Genaro.

Alba rió y me pasó el vino.

Genaro enfureció.

Remo sacó las uñas.

NOCHE DE PAZ. NOCHE DE AMOR.

Se leía en un luminoso, a través de la ventana, a ras de tierra, que daba a una calle ahogada por el silencio. Ahogada por una luna de blanco y plata. Una calle de un brillo cegador y fantasmal levantaba sombras pálidas contra los muros de las casas. Y las voces, las voces de esas casas, eran discusiones a piel viva en torno a buenos platos y buenos vestidos y grandes corazones de rencor. Pero las sombras, a medida que el cielo se despejaba de nubes, debido al efecto de los rayos lunares, escalaban los edificios, tornando aquella palidez en espectros que buceaban bajo las mesas y tocaban las rodillas recordando que era Nochebuena. Una

NOCHE DE PAZ. NOCHE DE AMOR.

—Vi al tipo de la moto.

—¿Te dijo algo de Gloria?

—No mucho. Pero me amenazó.

—Ándate con ojo.

—Tendré que hacerlo. No me fío de ese tío. Estuvo a punto de ofrecerme una mujer, creo que Aurelio, el otro tipo del que te hablé, le consigue los clientes.

—¿Se dedica a la prostitución?

—No sé qué pensar.

—Dejaos de cháchara, el pavo se enfría —interrumpió Alba.

Trinchó el pavo remangándose la blusa,

tendiéndonos luego los platos y cortándose el índice, el de la mano izquierda, el mismo que se cortó Gloria la Nochebuena pasada, a la misma hora y en la misma mesa. La sangre, como la Nochebuena pasada, fue serpenteando en una de las patas de la silla, sin tocar el suelo, como una llovizna que se remansa en los bordes de las aceras pretendiendo llegar a ninguna parte. Alba se vendó el índice como Gloria, anegando de sangre la superficie de la tela, incluso sonrió como Gloria, clavándome la mirada. Me asustó el parecido, ésos no eran los gestos de Alba, más espontáneos, ni siquiera su mirada, ágil y perturbadora. Quizás el fantasma de Gloria se cernía en el salón, quizás se había introducido en Alba, forzándola a imitarla para no perderse el vino y las trufas que tanto gustaba. Alba creyó sentir el fantasma y la recorrió un escalofrío, al tiempo la noche empezó a plagarse de una niebla como de humo papal.

—Estás temblando —intervino Genaro.

—Sí, hace frío.

El calefactor estaba a tope.

Siempre había dicho que era bruja. Ahora lo comprobaba percibiendo el espectro de

Gloria, a lo mejor imaginario, pero espectro a fin de cuentas.

—Dame tu chaqueta —continuó.

Estaba enloqueciendo, esa frase era igual a la que dijo Gloria cuando se mudó a casa, nada más cruzar el umbral, para después indicarme que apagara la luz. Entonces pregunté el motivo de sus lágrimas en el Delany, el porqué de la borrachera. No respondió, fue al dormitorio y se recostó en la cama. Y me esperó. Y se desprendió de la chaqueta que hacía un momento le había prestado. Tenía un cuerpo magnífico, tallado por un cincel que conocía el secreto de las curvas. Y me abrazó y...

Alba se echó mi chaqueta a los hombros y parpadeó. Sí que era Alba, ese parpadeo frenético sólo podía ser suyo.

11

SUBIMOS A TOMAR CAFÉ y champagne a mi ático, había quedado con Miguel y Elena a las doce, pero se retrasaban. Las agujas marcaban la una y el espesor, lascivo como una lengua de serpiente, terminaba de penetrar el corazón de la ciudad. Una ciudad en la que era difícil respirar, en la que era complicado soñar; soñar las caricias, soñar la tranquilidad de los pueblos que ya nadie quiere o todos olvidan, soñar al menos. Todo era rápido, los coches circulaban rápido en autopistas monstruo, las prostitutas se lo hacían rápido, el amor era rápido, Gloria lo decía: «Vendrá una muerte rápida y te quitará de en medio.» Esa muerte llegaba y se evaporaba en un momento, compañera como una mujer, compraba un billete alejándose igual que una sensación sólo conservada en la memoria del olvido. Ya daban las dos cuando Miguel y Elena aparecieron. Se tumbaron en el suelo despotricando contra la Nochebuena, la familia y las mamonadas de la costumbre. El nuestro resultaba un grupo raro. Por un lado estaba Genaro intentando meter mano a Alba, que no consentía y al parecer metía mano al gato, negro grande y de ojos chillones. Por el otro, Miguel y Elena, batiendo un cóctel. Y yo mismo, entre ellos, el espectro de Gloria y su aliento, escondido bajo la moqueta del salón, bajo la cabecera de mi cama, en la que el viejo se había pegado un tiro. Conservaba el revólver, había quemado la munición. Tenía la culata de nácar y un nombre grabado en el cañón: Linda (mi madre).

El viejo era un maníaco de las armas, decía que su tacto se podía comparar con el de un animal a punto de disfrutar un orgasmo, un tacto caliente que hierve cuando se va a disparar. «Si disparas ten el sol detrás y apunta al vientre», me aconsejaba las mañanas que íbamos a la galería de tiro, una estancia medio derruida con agujeros de bala en las paredes. Su pasado era turbio y apenas se remontaba en mi memoria. Únicamente recuerdo la fatiga con la que regresaba al anochecer. Tras un atroz día de trabajo se sentaba en el sofá, bufando extenuado. A menudo me mandaba depositar unos paquetes en un cajetín de la estación Sur, donde alguien los recogía y dejaba a cambio una suma importante de dinero. Pero un día encontré el cajetín vacío. Esa noche el viejo volvió con un aroma de sangre en la camisa. Esa noche el viejo se pegó el tiro.

El cóctel estaba delicioso. Todos aprobamos la maña de Elena en estas cosas, pero Miguel no, nunca le habían salido bien y eso le enojaba. La luna, solitaria en la bóveda del cielo, se colaba por la claraboya, proyectando sus rayos en la coctelera, que los reflejaba dando una vaga impresión de caleidoscopio sobre la moqueta y la sangre derramada de mi padre. Los reflejos erizaban el pelo de *Remo,* arrebujado en el regazo de Alba. Le sacaba los dientes a Genaro, indignado porque se suponía que el gato era más importante. La verdad es que Alba hablaba maravillas del gato al encontrármela en la cafetería, refiriéndose a Genaro como a un instrumento de placer ya en decadencia. Un instrumento no muy diferente de la viola de gamba, en la que ensayaba las partituras que Gloria le regalaba, Gloria leía música y creo que también componía. A menudo subían a la azotea para interpretar esas partituras. Alba apretaba los labios desplazando la cabeza de izquierda a derecha, desplazando el arco por las cuerdas, a las que arrancaba notas que mi novia capturaba. Notas que le hacían, quizás, imaginar un príncipe, el viejo cuento, que andaba persiguiendo y me parece, no fui yo, pero tampoco fue nadie. Imaginar allá, donde ayunan el más incesante de los sueños y las pesadillas, en ese equilibrio tan necesario, estar al menos. Y Gloria, en los atardeceres del verano, con la camiseta pegada a la piel, empujaba a Alba a la azotea para repetir el ritual. Entonces las palomas chillaban en serio y se ponían nerviosísimas, describiendo círculos como espirales de fuego. Gloria bailaba más rápido. «Vendrá una muerte rápida y te quitará de en medio» decía. Y las palomas se concentraban en la verja de la jaula. Entonces Alba improvisaba una infinidad de fusas y aceleraba el ritmo. Gloria, sin parar de bailar, las liberaba. Y las palomas bailaban rápido, muy rápido, de un lado a otro, de Alba a Gloria, de Gloria a Alba y a la viola, al fin desgarradora. Después la música encogía. Las palomas se posaban cerca de Gloria, que las recogía y las devolvía a la jaula, flipaba con ellas. Flipaban con ella.

Miguel batió un combinado, éste de Gin-Fizz. Le quedó bastante bien. Me dijo que Gloria le había enseñado a prepararlo, que Gloria, como me confesó el día posterior a su muerte, le besaba. «Sí, Genaro, conozco sus besos, tenía una boca carnosa, como muy grande, y besaba a todas horas.» Entonces me golpeó su imagen. Asociaba esa imagen a lenguas o irremediables volcanes de sudor que surcaban mi rostro, que surcaban la curvatura de mi cuerpo, esclavizado al suyo cuando murmuraba «Abrázame». Yo sentía sus manos de lluvia y su calor, claudicando de todo lo que fui, por ella, porque ella me lo pidió, la noche que se trasladó aquí. Dejó la chaqueta en el armario, tenía frío. La noche que cerramos el trato.

—¿Dónde está el café?

—En la cocina, bajo el quemador.

Preparó café y trajo dos tazas a la cama, desnuda, su silueta se recortaba contra la luna como labios enormes.

—Mañana haré un hueco en el armario para que coloques la ropa.

—Déjalo, me voy por la mañana.

—¿No te ibas a quedar?

—Sólo me voy unas horas. Tengo que arreglar unas cosas.

—Cuéntame, a lo mejor puedo ayudarte.

—No, Max, no te contaré nada.

—No te entiendo.

—Lo he pasado mal, necesito un tipo divertido... Pareces gracioso, no dejes de serlo. Quiero decirte que confíes en mí aunque no te cuente qué hago. Lo prefiero, no tengo pasado, hoy empiezo de nuevo, contigo. Así borro el pasado que no tuve, entiéndelo, así nunca volveré a él. No lo conocerás y nunca preguntarás nada, nunca lo recordaré.

—¿Y el presente?

—Igual, perdería el tiempo abrumándote con mis problemas, te haría vivir un infierno. Te quiero demasiado para eso.

Me miró con ojos de lobo y preguntó:

—¿Qué piensas?

—Podemos probar.

—Abrázame.

Se fue por la mañana y regresó al atardecer. Dijo que había resuelto unas cosas.

Se había enamorado de mí y era suficiente, a lo mejor se había enamorado de tantos otros, pero antes que de mí.

Pero ha muerto y debo averiguar quién era, por qué me quería.

Remo saltó a la cara de Genaro, qué gato más agresivo, derribando el Gin-Fizz. El pintor había acariciado la rodilla de Alba, y el gato no lo toleraba. Su madre, que a su vez era el animal doméstico de la madre de Alba, había sido descubierta con un macho negro de escandalosas dimensiones sobre la balconada del dormitorio. La madre de Alba, en las sobremesas del domingo, despertaba corriendo las cortinas y topaba con la pareja haciendo de las suyas. De aquellos encuentros nació *Remo,* que imitaba a su padre cepillándose una gata en las sobremesas. Era como su padre un gallito de pelea, obsesionado en defender a una de sus hembras, Alba, a quien no se sabe si se cepillaba. Eso deterioraba la relación, sostenida sobre un montón de carantoñas que la novia del pintor evitaba con un gesto de desdén. Estaba un poco aburrida de él y sus asquerosos tubos de pintura. Se lo echó en cara en medio de la reunión. Genaro bajó la cabeza, limpió el Gin-Fizz de la moqueta, y adoptó un tono acobardado.

Abrigaba la esperanza de que el gato sufriera repentinamente un infarto o, quién sabe, en una de esas noches en las que Alba dormía a pierna suelta, tuviera un desgraciado accidente. Pero *Remo* andaba sobrado de salud, y la suerte, la *Baraka* que llaman los árabes, jamás le abandonaba.

El pintor terminó la moqueta y regresó al sofá tristemente. Le hubiera gustado poseer la entereza de Alba, una mujer, como solía decir, hecha a sí misma a base de tesón y terca indiferencia. Odiaba este papel, el de calzonazos, que Miguel le había colgado. Así estaban las cosas y Elena, como siempre, pasaba; le importaban poco los problemas de los demás, tanto que ni siquiera los propios la preocupaban. Vivía en una bola de cristal que según pasaban los años iba agrietándose, una bola en la que podría acabar por abrirse una fisura, por la que entraría la basura de la vida, donde se juega a perdedor, cubriéndola de angustia e impotencia.

Así estaban las cosas y amanecía. La luna, como un extraño del día, marchaba envuelta en papel de fumar y luz.

12

He dormido seis horas y es Navidad. Es por la mañana. Como decía Linda, mi madre (murió cuando nací), como recordaba mi padre que decía: «Me sienta mal la Navidad.» Me dejaste esa herencia, a mí como a ti, la Navidad me sienta fatal, pero por causas de diferente índole. Lo mío se debe al alcohol, desde hace cinco días bebo para enterrar a Gloria. Y ella está enterrada, lo reconozco, pero no en mi memoria, que la persigue y sólo conoce una mínima parte de su pasado. Tú, madre, como decía el viejo, le mentías sobre el pasado (Gloria ni siquiera me mentía). Te lo encontraste en una armería, ibas a comprar un revólver «Para saldar una cuenta». Te invitó a almorzar, y cedió la tarde, te invitó a cenar, y cedió la noche. Desayunasteis juntos. Al viejo se le escapó que aquélla fue una noche de fábula, que os amasteis con locura y le concediste lo que deseaba: el fuego o una irresistible ascensión sobre su cuerpo. Tenías la mirada húmeda, madre, y según el viejo, besabas con puñetazos líquidos, saliva y amor. Fuiste a la ducha y te vestiste escondiendo el revólver bajo la falda. Regresaste al atardecer y el tambor del revólver estaba vacío. Habías venido de Irlanda siguiendo la pista de una venganza. Era Navidad. Al día siguiente os casasteis. Escribiste en el Registro «Linda Mcintosh». Era la única verdad. Y la otra, la de tu pasado, la descubrió el viejo en un viaje a Dublín, donde tuviste problemas con la Justicia. «Un ajuste de cuentas», le aclararon al viejo. Problemas que saldaste en esta ciudad. En esta ciudad mataste a un hombre.

Sí, madre, aún te recuerdo y derramo flores sobre tu cadáver.

Me incorporé de la cama con los fantasmas de mis muertos. Fui al baño y abrí el grifo de la bañera, el agua corría como una lengua de glaciar, abarcando recónditas parcelas de la vida. Perdí a mi novia en una de sus partidas, perdí la suerte y hasta la conciencia. Me encantaba frotarte con la esponja, mojada en espuma, impulsarme entre tus piernas jugando el viejo juego que conjugamos tan a menudo. El agua, la comparabas a la pureza, que decías haber olvidado en un cubo de basura, hace años.

Te entiendo, mi familia era muy tradicional y también entendía lo de la pureza... Mi familia, Linda, mató a un hombre, y el viejo a bastantes. Tenían una personalísima visión de la pureza. «Un crimen por amor cometido», se justificó el viejo antes de volarse los sesos. Me sobra parte de la bañera, no están las palomas, ni Gloria, ni siquiera hay espuma, sólo agua y una resaca y algo de ginebra. Sigo bebiendo y suena el teléfono.

El teléfono sigue sonando.

No para de sonar.

Salté de la bañera. Me cubrí con unas toallas. Descolgué el teléfono. Una voz afirmó ser la abuela de Gloria, nunca me nombró a la abuela. La abuela quería verme. Es Navidad, todo queda en familia.

Fui a la calle y arranqué su coche, un automóvil rojo. Empecé a comprender el hechizo que atribuía al rojo. «El rojo da la fuerza», decía, en verdad decía poco, y pocas veces. El rojo de sus labios era fuerte, más que el carmín de las putas. Su rojo se deformaba al besarme, hasta el extremo de pensar que estaba besando una esponja, cuya tesitura me absorbía. Besaba succionando, convertida en un agujero negro que atraía hacia sí cualquier vestigio de luz; la del alma, que me arrebató con sutileza durante un año. Durante un año convivimos, durante un año fui su arlequín, su sostén y su norte.

Aparqué en Felipe IV, una travesía paralela a los jardines del Retiro, frente a un palacete asediado por enredaderas y flores de diferentes tamaños. No había timbre. Llamé con los nudillos. Abrió un mayordomo y me indicó un corredor. Me hizo pasar a una sala: el techo alto, atravesado con vigas de madera, muebles de roble y lámparas de murano, dispuestas mediante un desorden uniforme, casi estudiado. De las paredes colgaban cuadros de artistas renacentistas y un buen número de fotos, fotos de Gloria vestida de niña ejemplar, abrazada a una anciana, la abuela. La abuela me estaba esperando, retrepada en una mecedora, sorbía té con leche. Le crecía el pelo blanco y lacio y la edad a la vuelta de los calendarios.

—¿Se quedará a comer?

—No quisiera molestar.

—No se preocupe.

La abuela agita una campanilla y el mayordomo pone otro cubierto.

Se inclina y observa la marca de vino que le ha traído. La aprueba con un gesto y obtiene del mayordomo una sonrisa de complicidad.

—¿Estaba mirando las fotos?

—Están bien... Usted la debía conocer, era su abuela.

—Una vana suposición la suya.

—Explíqueme.

Fui al grano y no se ablandó. Tenía una mirada arrogante, los ojos duros y el semblante severo.

—Hace años falleció mi marido, estaba embarazada, crié sola a un hijo. Era un mal hombre que me irritaba, le faltaba corazón, se metía en líos. Venía con sus amigos, me robaban la plata, unos chicos sin ninguna educación, vestidos de negro, me arruinaron el jardín con las motos. Perdí el amor por mi hijo, necesitaba un sustituto, comprende, alguien que me hiciera compañía. Se fue y no regresó en mucho tiempo, pero cuando lo hizo traía a Gloria, una niña adorable. Organicé una fiesta de cumpleaños, imagínese la casa, a reventar de niños. La niña se entusiasmó. La invitaba a merendar por las tardes, era muy lista, hablaba como si fuera mayor, como si...

—No tuviera pasado.

—Como si no tuviera pasado, aventurándose en los proyectos de un futuro que ignoraba. Parecía bucear en él, le brillaban los ojos cuando lo mencionaba. Estudiaba solfeo y primer curso de clarinete.

—¿Por qué me cuenta todo esto?

—Preguntó a cierta gente. Pueden hacerle daño. Gloria le quería, cuídese.

—A cierta gente. A un tal Aurelio y un amigo suyo, de unos cuarenta y cinco años, alto y musculoso, ¿los conoce?

Parece recaer en el recuerdo. Eleva un vaso y miente:

—Vagamente.

—¿A qué se dedicaba?

—Perdimos el contacto, excepto por unas llamadas. Llamaba los unos de enero, charlábamos, mc contaba que la vida le iba bien, no mucho más. Perdimos el contacto, dejamos de vernos, fue un día de invierno. Un día glacial, todavía tengo metido el frío en la piel, tenga esto.

Extrajo del bolsillo una carta.

Querida abuelita:

Estoy muy contenta, papá y mamá me han llevado a un sitio lleno de animales. Los culitos rosa de los monos me hacen gracia. Papá me ha dejado subir a un poney, a mamá no le ha gustado. Había un bicho muy grande con una nariz muy larga. He ido con mamá a una tienda, me ha regalado una falda muy fea con lacitos. Mamá dice que me sienta bien, pero a mí no me gusta. Estoy triste, he venido a verte, habías salido.

GLORIA

Cerré el sobre y la observé. En su rostro se adivinaba la intensidad.

—¿Qué opina?

—¿Sabe la respuesta? —interrogó a su vez.

—Sí, la sé.

—¿Cómo me encontró?

—Le encontré, es suficiente.

—Siento preguntar tanto. ¿Le enviaba dinero?

—Cada mes, era mi nieta, hasta que murió.

—Me gustaría visitarla en otra ocasión.

—No puedo decirle, soy vieja, estoy muy enferma.

Cogió la dichosa campanilla. El mayordomo me señaló con amabilidad la puerta.

—Espere un momento.

—Dígame.

—Gloria acertó —bajó el tono.

El mayordomo me acompañó a la salida.

La nieve, simulando un cuartel de invierno, se adelantaba en la tarde. La nieve era una obsesión antigua y segura, una cita de mi infancia cobijada bajo una enormidad de volúmenes que fui corrompiendo con la tinta del olvido y de las fechas. Recurría a ellas con la convicción de que terminarían por revelarme el secreto del tiempo, que escapaba según iba corrigiendo las hojas de un diario en el que anotaba las mentiras. Yo mismo elaboraba las mentiras, para después tacharlas y colocar en su lugar, en letra pequeña, otras cosas que nunca sucedieron. Pero ya no eran mentiras, sino fabulaciones maquinadas al sucumbir en las verdades de la vida; de la única posible, situada en una línea entre lo real y lo ficticio. En la fragilidad de esa línea diseñamos el silencio. Mimamos el silencio, compartimos el silencio, pero el silencio se abatió sobre los huesos de mi novia. Un silencio que sonaba a muerte, que me privó de ella.

La nieve parecía ultrajar las calles, ajustándose a ellas como un vestido a caderas de mujer. Y yo, mientras tanto, hilaba los datos de esta historia. Y yo, mientras tanto, tiritaba conduciendo un descapotable rojo. Y la nieve es un rumor y yo la escucho.

Escuché las palabras de la abuela atento a la más mínima pista. Me habló de su hijo, y de las motos de los amigos de su hijo. El hijo, debe ser, el tipo de la moto, que era rígido como su madre, la abuela. Me avisó comparando a esa gente con mala gente que le había comentado mis preguntas. Me mostró a la Gloria de las fotografías. Llegó de la mano del tipo de la moto, de la mano del violento hijo de perra que me había enumerado las ventajas de un largo viaje, unas vacaciones, abandonar el empeño que me arrojaría sin remedio a su historia: una futura explosión. En cambio, el tipo de la moto, aseguró conocerla con quince años. Se equivocaba, antes había mantenido el primer contacto con ella. ¿Dónde?

13

Condujе por el paseo del Prado y aparqué frente a una verja. La nieve tejía una red de cristales microscópicos en las puertas del Retiro. El aire estaba limpio. Me vine aquí a meditar y permitir a la memoria despertar sus temores. Ante mí se levantaba el escenario en el que Gloria representó su papel con lucidez. Yo me sentaba en una butaca a recomendar tranquilidad y contemplarla como a la buena amiga que era. En verano, en la medianía del agosto, nos acercamos al Retiro con Alba y Genaro. Bebimos un refresco, hacía calor, movimos algunas ramas de los árboles, Alba compró boletos para montar en las barcas. Al gato no le gustaba el agua, se refugió en la proa y allí se acobardó. Las mujeres chismorreaban en voz alta, discutiendo en torno a atributos sexuales, amenizándonos con nombres de actores de cine. Exclamaban: «¡Qué grande la tiene!», o: «¡Es maravillosa!», o, simplemente: «¡Funcionará de maravilla!» Genaro y yo las tiramos al agua. Alba se puso furiosa, se agarró a la barca, nos llamó de todo. Gloria, no obstante, nadó hacia la orilla, quitándose la blusa, que dejó a las carpas (dieron buena cuenta de ella). Le brillaban los brazos como suspiros o lamentaciones del agua, a la grupa de sus senos, que observaba por la noche alabando el blanco de la piel. Remamos a la orilla. La interrogamos y desplegó una sonrisa con la gravedad de lo inevitable, y dijo: «Hace frío.»

Lo dijo en un murmuro, como si estuviera escuchándola un destino que, al oírla con claridad, aceleraría su hora para guiarla a la profundidad de la tierra.

Una capa de hielo se adhería al lago, del grosor de un puño de mujer, estaba oscurecida. Me arropaba de la nieve en la caseta de las barcas, un mundo exterior, en gris y pajizo, se recortaba impregnándome de orín. «Orín caliente», decía ella cerrando las ventanas para no aspirar ese olor. «Orín a perro», me atreví a sugerir dirigiéndome a la ventana, allí, ella, un día de invierno, estaba desnuda. Estaba mirando, miraba y sus ojos chispeaban, miraba el hollín de la atmósfera, extendiéndose como una peregrinación de bocanadas de humo. Amar esa atmósfera, tan polucionada, amarla con el desdén del presente, que nos robaba los minutos, los besos, significaba admitir a un inquilino de la indiferencia; que venía sigilosamente, obligándonos a olvidar el terror. Gloria, parada en la ventana, parecía admirar el terror, posado en las chimeneas, descendía en forma de Papá Noeles siniestros. Estaba desnuda, estaba bonita, no me hubiera importado profanar su tumba.

La nieve acallaba unas zancadas largas y firmes. Me volví. Era Miguel.

—¿Qué haces aquí?

—Vengo a verte.

Se precipitó hacia mí y me dio un cálido apretón de manos. No resultaba difícil localizarme, cuando corrían tiempos duros escondía las manos en el gabán y merodeaba por el lago. Me condujo bajo un subterráneo que se abría a la calle Lagasca, se abría al espesor de la ciudad, acorralando en su sombra irregulares goteras y un vagabundo que pedía limosna. Comenzamos a recorrer los bares. Montamos en mi coche, se había inundado, igual que yo. Pasamos a recoger a Elena, nos esperaba en el pequeño apartamento que compartía con Miguel, no lejos del mío, a dos manzanas. Preferí aparcar en mi portal y de nuevo caminamos, la nieve se apoderaba de las calles orquestando una sinfonía de crujidos y hielo. Eran las seis, a eso de las seis ya era de noche. Elena forzó una sonrisa e ironizó: «¿Nieva mucho?» Nos quitamos la ropa y nos liamos unos albornoces. «¿Quieres una copa Max?», continuó. «No Elena, no me apetece.» Todavía duraba la resaca de la noche anterior, y la verdad ya me aburrían las resacas, las copas, el dolor de cabeza. La humillación. Me abrumaba la honda convicción de sentirme como un títere manejado por alguna trama que ni siquiera intuía. Era demasiado fácil, los padres que me revelan la huida de Gloria, el tipo de la moto y la abuela, a la que sólo faltó enseñarme el álbum de su hijo en la primera comunión. Debe existir algo más, algo que me tenderá las claves, tan requeridas y presentes como un monótono viaje al vacío. Elena mc trajo la ropa interior seca y planchada. «¿Dónde la compras? Es maravillosa», dijo. Era maravillosa y tenía años, una herencia del viejo junto a la fortuna y el piso. Le había regalado a Gloria la ropa de Linda, le sentaba bien un ceñido guardapolvos de seda, largo, hasta los tobillos, que mi madre vestía el día que se acostó con el viejo. Los enamoró un revólver. Eran dos solitarios amigos de la conspiración y el silencio, tenían en común una historia al margen de la ley, divina palabra, y pólvora en el olfato. Me alcanzó la camisa y los pantalones, el jersey aún estaba mojado y Miguel me dejó el suyo. Descorchamos un par de botellas, vino blanco. Descorchamos otro par de botellas, y a la sexta, un rato después, no articulábamos palabra. El alcohol había vencido al aburrimiento.

14

ME LEVANTÉ DE MADRUGADA y vi a Miguel dormido en el cuarto de baño, con la cabeza pendiendo del retrete, y un tramo a su enrededor manchado de vómito. Una calamidad el vino que nos bebimos. Lo agarré del pescuezo y lo moví, tosió devolviendo alcohol y restos de ácido estomacal. Vaciló y se apoyó en mí. «Mala cosa este vino», dijo. Trastabilló camino del salón, se acercó al sofá y besó a Elena, ella dio media vuelta y continuó dormida. Ahora Miguel va a la cocina y coge la cafetera y coge café y coge unas cerillas y enciende el gas y hace café y coge dos tazas y azúcar y cucharillas y coge whisky y lo vierte en las tazas y bebemos recordando viejas peleas. Nos conocimos a puñetazos. Un par de sujetos estaban insultando a Elena, que gastaba un bolso de cuero tachonado con monedas antiguas. Elena les arreó con el bolso y recibió un puñetazo que le abrió el labio.

Miguel saltó de la barra y le atizó. Yo estaba al lado, trasegando un vaso de ginebra, agarré al otro y se lo partí en el cuello. Cayó doblado y lo rematé de una patada en la boca. «A correr», terminé. Se escabulleron gateando, y gotearon sangre. Miguel hablaba de aquella escena con encarnizada nostalgia. «La vida es una batalla», presumió. Acabó el café y para dar fe me enseñó una foto en la que empuñaba un revólver, mi revólver. Lo tenía en su casa. «Un día de éstos te lo pediré», le dije. «Cuídate, viejo puerco», mascculló cariñosamente, moviendo unos ojuelos achinados y perspicaces.

Elena se revolvió en el sofá. No vio a nadie, fue a la cocina y nos sorprendió hablando de Gloria. «Déjalo, Max», me aconsejó. Callé, me enfundé el gabán y enfilé rumbo a la puerta. Allí me despedí.

Montera, un burdel al aire libre, era la calle que habían escogido los padres de Gloria para vivir. A lo mejor la calle los había escogido a ellos, a veces las calles y las ciudades nos eligen, convirtiéndonos en pasajeros que han contraído el vicio de odiarlas o quererlas, desordenarlas o garabatear en sus rincones besos, querencias, extraños lenguajes. «Déjalo, Max», estuve a punto de reírme. Resultaba imposible dejarlo, siempre recordaba su fragancia y su olor, aunque su fragancia era normal, pero se me antojaba un perfume destilado en las entrañas de la tierra, tan primitiva como un sexo. Las prostitutas comprendían eso del sexo. Una de ellas, apoyada en el escaparate de una tienda de electrodomésticos, me dijo: «Lo hago barato.» Se humedeció los labios y chasqueó la lengua, se tocó los pechos e insinuó una cifra. Pasé de largo, era joven, de unos 15 años, hermosas piernas y anchas caderas. Crucé el portal y ascendí por las escaleras, coincidí en el rellano con un yonki, tenía la piel picada de viruela, le colgaba del brazo una aguja. Salté sobre él y exhaló un gemido y subí otro piso. Torcí a la izquierda, dando con un pasillo; las paredes estaban repletas de pintadas que rezaban «Satán es mi guía». Lo alumbraba una bombilla, había un ruido de cucarachas que copulaban en las esquinas. Pisé una e hizo ¡plof!

Llamé a una puerta, se asomó la madre de Gloria. «Mi marido está en el bar», dijo y cerró con el pestillo.

Bajé y el yonki me sonrió como quien sonríe retando, estiró los brazos y se rascó los pies, descalzos y veteados de manchas amarillentas y muñones. Un bar alargado y estrecho como un gusano, situado a dos pasos del portal, se ensanchaba al fondo en media circunferencia en la que había una mesa y cuatro hombres apostando a los dados. Ganaba el padre de Gloria, lamiéndole la oreja, estaba apostada la jovencita que me había explicado «Lo hago barato». El padre se ruborizó al verme, se incorporó y me condujo a un extremo de la barra. Pidió dos cafés, en vaso y solos.

—¿Averiguó algo?

—Poca cosa.

—¿Qué significa «poca cosa»? —terció.

Opté por mostrarle la fotografía.

—¡El hijo de...!

No terminó la frase y se encendieron sus ojos y se encendió su rabia.

—¿Dónde la consiguió? —me espetó.

—La tenía Gloria.

—¿Lo ha visto ya?

—Le visité hace nada.

Sostuvo el vaso de café y le temblaron las manos. Un sombrero de paja le coronaba la cabeza. Vestía unos pantalones de tergal y un chaquetón de lana.

—¿Qué sabe de él?

Se tomó su tiempo. Tiritó y recurrió a la memoria.

—Volví después de trabajar a casa, a eso de las diez. Entré a darle un beso y me encontré con ese tipo, jugaban con las muñecas. Me alteré y para no asustarla le rogué al tipo en un tono cortés que me acompañara al salón. En el salón, claro está, le pregunté quién era y sobre todo que coño hacía en mi casa, con mi hija pequeña. Respondió que no era mi problema, que su relación con Gloria, figúrese, tenía sólo once años, era cosa suya. Perdí la calma y le empujé. Sacó de la cazadora una pistola. «¡Estése quieto!», dijo. Enfundó la pistola y se esfumó sin mediar palabra.

—¿Dónde le conoció?

—Fui a la habitación y se lo conté. No me creyó. Me llamó mentiroso, dijo que era un mal padre. Que ese tipo le había regalado un clarinete que yo no quise comprar. La verdad es que quería comprárselo, pero era muy caro... No tengo mucho dinero... Me parece que Gloria estaba en el escaparate mirando el clarinete. El tipo se acercó y la engatusó.

Por un clarinete, había vendido su amistad por un clarinete. Era mujer caprichosa.

El padre de Gloria hizo un ademán con la intención de pagar los cafés. Me adelanté y dejé una propina.

Prosiguió:

—Le mentí, volví a verla. Un año después vino y recogió sus cosas. Me pidió dinero para el metro. Me contó que estaba bien, que vivía con ese tipo. Llevaba unos zapatos relucientes.

Acabó el café y se abrochó el chaquetón.

—¿Puedo pedirle un favor? —preguntó.

—Usted dirá.

—Mate a ese capullo.

Se caló el sombrero y se retiró.

Dado que era mediodía y estaba allí, aproveché para comerme un bocadillo. Más tarde fui a casa y eché una siesta con mi osito de peluche, siempre duermo con mi osito de peluche.

15

ATARDECÍ A LAS SIETE. Pensé en Gloria. Debía despojarla de su secreto para enmendar mi amor. Mi amor era su hogar, al menos el de su alma, que suponía amasar entre las manos. Su alma se levantaba de la tumba y me hablaba, pero era una tumba muda; y al intentar transmitirme sus palabras emitía silencio. Yo estaba instruido en el silencio, Gloria me había enseñado el lenguaje de los gestos. Sacudía la cabeza y se remangaba dándome a entender su estado de ánimo, podía pasarse horas gestualizando. Eso era sexi. Genaro siempre dijo que era muy sexi, la había pintado resaltando las vacilaciones de su boca y su sonrisa.

Genaro exponía esta noche en una galería «Importante», se jactaba en tono bribón. Alba le había vestido: zapatos marrones, corbata de círculos amarillos y chaleco tabaco. Se agregaban 90 kilos de grasa y el resultado era un sujeto estrafalario y mantequilloso, que caminaba bamboleándose como un marinero que arriba a puerto tras muchos meses de navegación. Le esperaba a las ocho, llegó unos minutos antes, estaba agitadísimo. Me palmeó con decisión, y también con decisión afirmó: «Me la juego esta noche.» Se arregló el nudo de la corbata, tiró para adelante y se apresuró a parar un taxi. El taxista, amparado en años de oficio, con más conocimiento que valor, aceleraba en las curvas y quemaba neumáticos. Alba estaba a punto de caramelo, vestía de morado, se había pintado los labios de morado y teñido el pelo de morado, sujetándolo con un moño y tres agujas moradas. Le había enroscado a *Remo* un collar morado, que no le gustaba, prefería el verde, se las daba de exquisito; bebía leche fresca del día y comía pescado blanco y cangrejos —todo ello en un platito de porcelana verde que Genaro esperaba romperle en la cabeza—. Esta noche firmaron una tregua.

Y en esto que abordamos la puerta de la galería, en cuyos ángulos se adelgazaba la nieve como irrevocables huellas de paloma.

Nos recibió la galerista, Marta, alta y rubia y atractiva. Nos señaló un interior en penumbra, construido sobre una arquitectura de espacios abiertos sostenidos en columnas. Genaro se dirigió al fondo y se repantigó en una silla, frente a una mesa y un magnetofón. El periodista hizo las preguntas de rigor, las solventó con frases que había aprendido, encajándolas en cualquier sitio. Después se pavoneó entre la multitud, recibiendo los halagos, igualmente, de rigor: ¡Qué bonito! ¡Pintas de maravilla! ¡A ver si cenamos tranquilamente! ¡Hazme un precio especial!, y, alguna chica: ¡Házmelo, oh, házmelo! Entonces Genaro decía «Más tarde, muñeca», torciendo la boca como si de Spade redivido se tratase.

A menudo adoptaba esas maneras, siendo Sam Spade su personaje preferido, un detective con mucho estómago. En resumidas cuentas, lo contrario a él. «El remilgado», le atacaba Alba, acertando en el corazón de un crío. Le arrojaba su ira, contenida para los demás ya que, para los demás, era «BUENA PERSONA». Y Genaro callaba y aguantaba, Genaro se dolía.

Con la meticulosidad que otorgaba la distancia, crecida a medida que avanzaba el tiempo, sacaban a relucir los trapos sucios de cada detalle.

Un hombre estaba embelesado con el retrato de Gloria, era alámbrico y bien conformado de rostro, de unos cuarenta años y estrechos hombros. Me acerqué y le pregunté su parecer. El muy bruto comentó: «Esa chica es una monada, estaría de maravilla en mi cuarto.» Quería robármela y clavarla en la pared, haciéndola promiscua a otros ojos.

La galerista llamó a Genaro para que saludara al posible comprador. Me guiñó un ojo y disimuló. «Lo siento, ya vendí el cuadro.» Me cogió en un aparte y dijo que me lo regalaba. Alba se acercó.

—¿Te cuidas? —preguntó de repente.

—No —carraspeé—. No estoy seguro.

—Déjalo, Max; mírate, duermes poco, comes poco, tienes mala cara. Genaro, *Remo* y yo nos vamos de vacaciones el uno de enero, vente, lo pasarás en grande. Puedes conocer a una mujer, una mujer elegante, antes se te daban bien, olvidarás a Gloria. Han pasado sólo unos días, pero te está destrozando.

—Lo pensaré.

Calló un momento.

—Nos lo estamos cargando. Genaro culpa al gato, dice que lo prefiero. No es así... No exactamente... A *Remo* le adoro, no puedo desprenderme de él.

Amaba al gato, pero necesitaba a Genaro, aunque tanto como a *Remo*. Se había encaprichado con el gato, como lo hiciera su madre, nunca entendí lo caprichosas que son las mujeres. Gloria se había encaprichado con un clarinete. Se dejó embaucar por él, por él amó al tipo de la moto, lo amó cinco años, en su cama, en su dolor. No soy nada.

No soy nadie, no merezco la vida, pero no puedo claudicar. Con mi capitulación Gloria se procuraría una victoria, la de la muerte, la suya, que me atormenta, sí, que me atormenta y me encadena a una celda de lija. La lija me pule, me sangra, me raspa y me hurta hasta la respiración. Ella prometió al menos dejarme respirar. Ella prometió muchas cosas, y en ese compromiso entraba yo, comprometido con el dinero del viejo, con la ausencia de Linda, enajenado, comprometido con ella. Prometió no decirme más que su nombre, lo comprendí y acepté. Prometió amarme, lo hizo, yo también. Prometió satisfacerme con el ser-estar-revolcar-adorar-besar-besarme, yo la besaba y quería que mis besos fueran montañas de cal. Que fueran blancuras, el pulso del mundo, humeantes volcanes, yo quería ser para ella la pasión. Esa que nos hace, un poco, pensar que los enanos y los mimos son las rodillas de la tierra. Porque sólo en las rodillas de la tierra, en sus raíces, sus magmas rebeldes, sus hembras en celo, sus mares remotos, sus insectos, sus floraciones, sus arroyos, arroyos de sangre y esmeraldas, su profundidad, igual que la de una madre, sus encumbramientos de nieve (sigue cayendo), sus días y sus noches, sus cavernarios ritos de prehistoria, su olor a madera rancia, a madera, su tacto abrasador, sus joyas y sus sacas de estiércol; porque sólo en las rodillas de la tierra mora la pasión. En las orillas, a la vera de mi memoria, está, estuvo, estará Gloria acompañada de la magia.

La he visto morir.

Genaro ha hablado con todo el mundo, a todo el mundo ha regateado una sonrisa. Ha llegado y ha sentido. Tenía un nombre entre los pintores de la ciudad, esta noche le han añadido los apellidos. Ha bebido diez cervezas y no se ha emborrachado, se ha mantenido sereno. Ha enamorado, quizás, un tanto, de nuevo, a Alba. Alba ha enamorado a

Remo y *Remo* no ha regañado con Genaro. Ha visto sus cuadros y ha vendido la mitad de sus cuadros. Ha firmado un contrato para exponer en Nueva York y la galerista le ha tirado los tejos. Venía con los fantasmas del genio, un mal de amor, con aquellos espectros que se hinchan de palabras hasta estallar, y no le han defraudado. Ha sido cauto y se ha medido, se ha metido a la gente en un puño. Se ha paseado con orgullo. Se lo ha trabajado, tenía hambre de triunfo, como un torero.

En la galería pasan las once de la noche, es casi la hora de las brujas. Te referías a las brujas, las imaginabas volando en escobas, en peces de cielo, que decías, estaban en ti.

Corazón, afirmabas encarcelar peces y ballenas, te comparabas al océano, en ti dormitaban las algas. Tal vez por eso entendías el verde de *Remo,* el verde de sus ojos y sus requerimientos, un color de esperanza. Por eso entendías el agua y nadaste a la orilla cuando Genaro y yo te empujamos. ¿De verdad que las carpas del lago te hablaron? ¿De verdad que las oíste arrullarte?

Ese océano que contenías, que asegurabas

contener, nunca encabritaba sus olas. Sabes, amor, las hubiera montado como a un corcel salino, y hubiera cabalgado hacia un rompeolas, para después, diáfanas en la orilla, volverlas a levantar contra un Dios que siempre te negó sus caricias. Las hubiera removido y en tu nombre las habría revelado y con las navajas en alto hubiéramos vencido. Pero vencer, corazón, es una tarea ardua. Los dos perdimos, tú la vida, yo tu muerte. Ya estaba su heraldo en el cuadro que te pintó Genaro, un cuadro gris.

Genaro enrolló el cuadro en papel de estraza y lo depositó en un rincón, de la gente quedaban las colillas y el aliento. La galerista echó el cerrojo y nos despidió y caminamos hacia la Vía Láctea.

16

LAS CALLES VAN DESPERDIGÁNDOSE, una a una, como si entonasen un llanto. Van llevándonos a lugares, horas, citas en unas esquinas que se tuercen. Las esquinas se doblan y forman ángulos de 90° con otras calles, otras citas, otros lugares en los que amortiguamos una letanía de odios para pedir un beso, una ráfaga de pureza que nos limpie. En esas esquinas ella hacía un alto después de desayunar y me contaba que el café era amargo, que los bollos no eran tiernos, que era zumo de naranja lo único que la apetecía beber y sirvieron muy poco. Que si aquella esquina se doblaba, por qué ella no podía doblarse, por qué no podía doblegarse y dejar que los males la gobernasen. ¿Para qué luchar?, si al final terminaría criando malvas, daba igual, morir antes o después. El problema es que Gloria murió antes, aprovechando esa oportunidad, la de ser la llorada en vez del que llorase.

Las calles, que no tienen sino el don del mutismo, se agrietaban heridas por la nieve. Y las calles ahogaban mis pisadas y la alegre festividad de mis amigos, de Alba y Genaro, y a bote pronto, del gato.

El gato ha obligado a Alba a quitarle el collar morado, Alba le ha complacido. El gato ha ronroneado y ella le ha rechazado para coger del brazo al pintor, esta noche victorioso en su papel de Sam Spade. Genaro se ha desprendido del chaleco y me lo ha prestado, hace frío. Me estaba ancho, soy delgado, como una varilla de zahorí, aunque robusto. Como una varilla de zahorí busco el agua subterránea, busco el patrimonio de la memoria, busco a Gloria, que me llamaba feo feo feo, aunque de un feo atractivo. Decía que mis cejas, finas y arqueadas como la quilla de una canoa, me hacían parecer a un diablo. Un diablo cachondo, replicaba yo tomándola entre mis brazos con la fiereza de un chacal, que hasta que no despedaza a sus víctimas no ceja. Así yo la apresaba con mis labios pequeños y mi cuerpo, que penetraba el suyo sometido al deseo.

Así yo cruzaba un umbral cósmico y me perdía en un acto carnal, un acto espiritual en el que divisaba las estrellas, que se posaban en la cama y nos inundaban de fuego. Gloria las acunaba en su regazo, obligándolas a partir al rato, ya que el sudor generado por la fricción de los sexos amenazaba con apagarlas. Pero las estrellas no obedecían, sólo flotaban hacia el techo y allí, lejos del peligro, nos rondaban lanzando rayos de luz. Y polvo, polvo de estrellas. De las mismas que Gloria imaginaba en el espacio. Imaginaba el terror y acusaba el silencio.

Llegamos a Malasaña, tal vez llegó el pavor. Pavor ante la solución final, aquella panacea que eliminaría mis problemas y que esperaba, sonsacaría a Aurelio, el lacayo del tipo de la moto.

Se desarrollaba, en cierta forma, una conjura de vivos y muertos que me estaba impidiendo descifrar el enredo. Aunque también un reducido número de ayudas pugnaban por revelármelo: la abuela y su padre. Padre que se me había presentado como un hombre intachable y al que había visto inmerso en el delirio de una prostituta adolescente, que podría haber sido Gloria. Y si Gloria hubiera ejercido ese oficio ¿qué hacer? ¿Limpiar su nombre? Pero aún el futuro, una mezcolanza de sueños y esperanzas quebradas, me estaba aguardando con un puñado de regalos. Regalos y zurrones de sangre, pues si limpiara su nombre debería matar al tipo de la moto. Esto acontecía en mi cabeza, pájaros y vísceras, palomas.

Genaro iba muy ufano con su recobrado amor. Alba se había soltado el pelo y su melena me tocaba el rostro. La había seducido el año antepasado, a principios del verano, en una fiesta de mucho abolengo, una de esas fiestas horteras organizadas en pro de una buena causa. La causa, entonces, era promocionar una obra de teatro interpretada por autistas. El decorado, un lienzo al fondo de las tablas, lo había pintado Genaro, que también aprovechó para promocionarse a sí mismo. La obra se puso en escena en la mansión de un viejo conocido de mi padre, un sujeto que acabó en chirona. Los actores se sentaron en unas sillas y se dedicaron a cambiar de sitio. «Una obra surrealista», nos dijo el director, que a su vez lo era de un centro psiquiátrico. Alba se aburría y un tipo la entró diciéndole que a pesar de su obesidad, si se intimaba con él, resultaba atractivo. A Alba le resultó agradable, incluso ingenioso, aunque fuera una estupidez. Tras dos años permanecían juntos y a mi lado, caminando, desandando lo andado.

Remo se adelantó encabezando el cortejo circense, con una animadora de morado, un payaso gordo y yo, a la sazón el director de pista. Llegó antes y olfateó la orina de una gata, maulló y al otro lado de la puerta otro maullido contestó. El portero preguntó por su origen, Alba, con cierta vergüenza, admitió ser su propietaria, del mismo modo que se creía la propietaria de Genaro. Despistó una mueca y nos dejó el paso, que cedí a mis amigos, retirando a *Remo* de una patadita que no advirtió Alba. Al entrar: oscuridad. Fuimos a la barra y bebimos, Aurelio no estaba, alguien dijo que no tardaría. Alba lió un cigarrillo y me dio una calada; el humo se esparció hasta ser indivisible, anticipándose en la atmósfera, terriblemente densa y cargada.

El aroma del tabaco era agradable, y Genaro pidió permiso para fumar, ya que se lo tenía prohibido.

Bebíamos ginebra. El bar estaba cubierto de fugitivos presagios, cubierto, en una palabra, de Aurelio. Se aproximó golpeando furiosamente los tacones, me hizo una seña y lo seguí. Nos sentamos con dos fulanas, la pelirroja de nuestro primer encuentro y una castaña, ligeras de ropa y llenas de carmín. La castaña me echó mano entre las piernas. «Vamos, no seas aburrido», dijo. La aparté con un movimiento brusco y repuse: «Quita.» Aurelio se carcajeó y la despidió. La pelirroja le besó en la mejilla y fue tras la otra.

—¿Por aquí de nuevo? —se burló el canalla.

—Qué tal si hablamos.

—¿De qué?

—De Gloria.

Le cruzó por la frente una nube nostálgica, que usó para reflexionar y contestar aceleradamente:

—Hablemos, pero fuera.

Se levantó y dirigió una mirada a las fulanas, se quedaron sentadas.

Salí y dirigí una mirada a Genaro y Alba, se quedaron sentados. *Remo* ligoteaba con la gata.

Lo seguí perplejo, rasgándome los harapos de la memoria; seguía a Gloria, siempre la seguía, hasta en la locura. Decía que al alcanzarla, uno se liberaba de las cadenas terrenas, que ataban, que ataban, que ataban a cosas tan imperfectas como el racionamiento de las ideas. Eso no era lo elemental, ocurría que lo necesario aparecía con el caos y la anarquía: un tópico que era preciso mantener.

En ese paisaje había empinadas montañas y lejanos horizontes, distribuidos en una geografía donde las figuras geométricas se convertían en verticales sin volumen, verticales subiendo-bajando a un infierno colérico.

La locura no era, contra toda hipótesis, una transición hacia el espanto; sino un estado de éxtasis raramente lograble respetando los convencionalismos. Gloria luchaba contra ellos, huyendo de lo cotidiano con la intención de refugiarse en un reino que cabía en el ojo de una aguja. Yo, de tarde en tarde, por esa aguja hacía pasar un hilo de mi ser. Y ella me atrapaba enseñándome aquel reino poblado por las pesadillas, los mimos, los enanos y los travestidos del sueño. Entonces yo decía:

—Contigo... uno se vuelve loco.

Entonces me condenaba al destierro y sus jinetes me perseguían como ella perseguía la mentira (1). Jinetes del frío que la portaron

(1) Nacho, esto también es la hostia.

en un balancín de duro metal, con los párpados cerrados y el corazón; el corazón de Gloria no existía.

Seguía a Aurelio callejeando por la ciudad y el recuerdo. Tenía las manos metidas en los bolsillos de la cazadora, una cazadora negra y entallada, con un dibujo de huesos cruzados. Era un palmo más bajo que yo y de piernas delgadas (caminaba combándolas). Cada diez pasos miraba de soslayo para comprobar mi presencia, bajo la nieve, alejado de la cordura, alejado del paraíso invocaba el Diablo que estaba en Gloria. Se detuvo. Se volvió y relució un puñal en su mano.

—Aclaremos esto —dijo.

Me lanzó un cuchillazo al rostro, lo esquivé. Fui a darle un puñetazo, hizo una finta y encajé sus nudillos, me tumbó. Rodé en el asfalto y me incorporé. Tiró el puñal. «Una pelea limpia», balbuceó. Me había rajado la ceja. Aurelio, a pesar de su grosor, se movía con velocidad. «Vendrá una muerte rápida y te quitará de en medio», un mal de amor. Me pilló desprevenido, largándome una patada que me partió el labio (más sangre). Le aticé con el codo y crujió su mandíbula. Se tambaleó y dio de bruces en el suelo. Me tiré sobre él y se echó a un lado. Mordí el polvo. Me agarró con una llave, estuvo a punto de romperme el cuello. Me zafé levantando los brazos sobre su cabeza y le golpeé en las sienes. Se desplomó. Recogí el puñal y me abalancé sobre su garganta. Linda mató a un hombre, y el viejo a bastantes. Acaricié con el filo su garganta, pensé matarle, pensé que no. Le escupí en los ojos y despertó.

—Hábleme de Gloria.

Cerró los ojos, enmudeció.

No le sacaría una palabra.

Recurrí a un viejo método.

—¿Cuánto? —pregunté.

Dijo una cifra y acepté. Pagaría cualquier precio por la información.

Me citó en el mismo sitio, dentro de tres días, a las ocho de la mañana.

—Tráigame los detalles.

—Los tendrá —se levantó—. Recuerde, dentro de tres días.

—Aquí estaré.

Se largó magullado, depositando en la calle un reguero de vergüenza y sangre. Le había perdonado la vida. Linda y el viejo no entendían el perdón.

Caminé de vuelta a la Vía con la ceja y el

labio destrozados. Un tipo duro este Aurelio, pensé. Pero Aurelio se achicó cuando sintió el filo de su propio puñal, que le devolví. Mi ventaja fue el odio.

Recogí nieve y la deshice en las heridas, ardía y el Diablo me esperaba. Era un pecador, a veces es necesario pecar.

17

Alba se asustó al verme empapado de sangre, Genaro puso cara de pena y me alcanzó su silla. Me abatí sobre la barra, pringando de rojo el vaso de whisky. El whisky, al alimentar la herida, quemaba, como el sol veraniego que nos atropella de amanecida, dejando que sus rayos desgarren nuestras habitaciones, que han contemplado nuestras hazañas de cama, nuestras masturbaciones y lloriqueos porque esa mujer se fue con otro.

Alba consideró que me debían trasladar a una casa de socorro, desde luego me hacían falta puntos de sutura en la ceja —hinchada, bella, rota— y en el labio. Silbó y *Remo* abandonó a la gata. Vino y nos fuimos. Una luz mortecina, de farola de calle, refulgía en los arabescos del cielo, haciendo partícipe a la luna del escozor de mi labio; producido porque fui señor de la violencia, señor de la impostora pasión y la memoria. Era la segunda vez que me llevaban a la casa de socorro. La primera fue con Gloria, ese día pasaron bastantes cosas...

Fuimos a pasear con Alba, tu mejor amiga del vecindario. Habías venido a vivir conmigo hacía poco y con Alba yo no había intimado, ya que, rara vez, entonces, dormía con Genaro. Apenas cruzábamos palabra y todavía no se había formado una opinión sobre mí, algo que a ti no te importaba. La razón era simple, también te daba igual lo que opinaran de ti. Paramos en el café de Oriente, en el mes de agosto la temperatura era elevadísima, tú estabas muy ocurrente. Charlabas y charlabas con ese sarcasmo tan tuyo, olvidando el silencio que únicamente blandías contra mí. Si quieres que te diga la verdad Alba estaba guapísima. A los postres, recuerdo que pediste doble ración de fresas con nata, irrumpió en nuestra mesa una mujer. Leía las manos, era oriental, de pechos diminutos y pies planos. Te las cogió y se estremeció, no entendimos su temor hasta que dijo:

—Señorita, aquí no hay nada.

Alba lo comprendió en seguida, era un aforismo que corroboraba sus «vibraciones extrañas» o, como explicaba a veces, «fluctuaciones extrasensoriales», a cuya defensa acudía para justificar sus reticencias hacia ti, a quien llamaba «un engendro del tiempo».

No había futuro en las líneas de la mano, ni presente, ni pasado. Aquélla fue una de las premoniciones de tu muerte, fría, en la cama, las muñecas yertas por encima del ombligo, del que surgía la vida desde la placenta de la madre, la mía no la conocí. Después estuviste una semana dubitativa, como si quisieras afianzar tu personalidad.

Compramos entradas en el Real, interpretaban el *Requiem* de Mozart, ironía, muy apropiado para ti. Me dormí, despertando al finalizar la pieza. Pasaron cosas ese día. Tropecé con un baldosín a la salida del concierto, perdí el equilibrio y di en el suelo haciéndome un corte en la ceja (mis cejas siempre sangran). Me cosieron en la casa de socorro, en la misma que estoy en estos momentos. Me hicieron daño y tú me acariciaste restando importancia al dolor, Alba esperaba fuera, las casas de socorro tenían «malas vibraciones extrasensoriales». Más tarde, en el sótano de Genaro, discutimos. Te empeñaste en postergar las vacaciones. No me gustó la idea, ansiaba irme lejos de la ciudad, pero alegaste que tenías trabajo, negándote a decir de qué tipo. Era normal que me lo contases, absorbidos por la cotidianeidad de los días comíamos, dormíamos, hacíamos el amor. Lo veías de otra manera, vivir contigo no me otorgaba el derecho de tu intimidad. De acuerdo, pero algo de confianza hubiera estado bien; ganaste tú, no tuve vacaciones.

Y esa ocasión que me pediste que te acompañara a unos recados. Me sentí ridículo esperando una mañana entera a que salieses de una cita concertada, según dijiste, por motivos de trabajo. No supe qué tramabas, supongo que algo intrascendente, la verdad es que debía serlo, así podía quitarme de la cabeza conocerte en todo acto. Sé que estuve enamorado de ti, que estoy enamorado de ti. Antes por imaginarte, por dedicarme a inventarte, a fabricar motivos que moldeasen en ti una pieza perfecta. Ahora por descubrir quién eras, por qué me querías. Figúrate, ahora que estás muerta soy tu prolongación. Soy aquel que respira porque pervive tu memoria. Cabe la posibilidad de no haberte conocido ¿Y entonces qué? Ni amor, ni pasado, ni yo. Yo fui tú, hoy soy lo que tú fuiste.

El cirujano acabó su trabajo, aplicando una venda sobre los puntos de la ceja y un paño mojado en el labio. Quedé como nuevo. «¡Anda, como un boxeador!», exclamó Genaro, ebrio y apoyado en los hombros de Alba, que estaba malhumorada con *Remo*. *Remo* había coqueteado con otra, una gata muy gata y muy bella. Alba tenía un punto felino, sus ojos brillaban en la oscuridad y, como un gato, se contorsionaba al arrodillarse, cerca de la camilla, maullaba y postraba la cabeza entre los brazos, entre las rodillas, rodillas de mujer y avaricia de sexo. El cirujano me tomó los datos y aconsejó: «No se meta en líos.» Reprimí una sonrisa. Yo era la fuente, el habitante de esa sangre, Gloria, la tragedia fluía en Gloria.

Salimos de allí aspirando peregrinos olores de medicinas y lavativas. Genaro hubo de agarrarse a la barandilla, no se tenía en pie y nos vimos obligados a sostenerle, un peso abrumador. Encontramos por casualidad, dado lo avanzado de la noche no podía ser de otra forma, un café. Estaba ubicado en un chaflán en el que morían dos calles de dudosa reputación. Entramos, olía a pestes. Instalamos a Genaro en la única silla de la mesa, vacía y situada en el centro de la estancia, sentándonos en unos taburetes de menor altura, con lo que parecíamos rendir tributo al pintor, elevado en un trono alcohólico. Con medidas palabras y algún insulto conseguimos que bebiera un café doble, solo, exprés, con una pizca de sal. Se recobró encaminándose al cuarto de baño, donde vomitó jurando en voz alta, en el que recibió una llamada a la atención del camarero. Entonces tenebrosas miradas se tornaron avisando silencio. No había, con seguridad, un bar igual en la ciudad. Aquí se olfateaba el crimen, y aquí, el crimen era norma primera. Me habían hablado de este bar, lo reconocía por los datos de la transmisión oral, la del viejo, que decía las cosas aquejado por una afonía.

Producía en mis amigos, los menos, que fui recolectando en una eterna singladura por unos colegios de los que fui expulsado, una sensación de respeto que no era sino miedo. Los datos de la memoria encajaban con precisión en la descripción del bar: el techo blanco y pulido a balazos de diverso calibre; la disposición de las mesas, en círculo, dejando en el centro una más grande, en la que estábamos; la barra, pegada a la puerta; el camarero de ancha quijada; los estrechos vasos y un licor de mora que recomendaba el cartel colgado de la pared sur, a rebosar de retratos de famosos pistoleros.

Ésa era la composición del bar en el que mi padre se hizo un hombre. El camarero se nos vino a la mesa.

—No serás el hijo del Capitán.

Así llamaban a mi padre. Era alto, espigado y pecoso. Fumaba en pipa, vistiendo unas botas de goma y un poncho de goma y una gorra como de oficial de máquinas.

—Sí, soy yo —contesté indiferente para no defraudar sus expectativas.

—Tu padre fue un buen hombre.

—Menos bueno fue de todo.

El sujeto se rió haciendo divisible una dentadura de oro, y palmeó mi hombro.

—Eres su viva imagen —continuó.

Pensé que podría aclararme las ideas.

—¿Puedo hacerle una pregunta?

—Cualquier cosa.

—¿Conoce a un tal Aurelio? Bajo y gordo. Tiene una cicatriz en la mejilla izquierda.

—Algo he oído de él.

—¿En qué negocios anda metido?

Resopló e hizo una seña a otro. Se alejaron y hablaron.

Regresó y dijo:

—Prostitución.

—¿No se moverá con dos fulanas, una pelirroja y una castaña?

—Eres listo, chico.

—No conocerá también a un amigo suyo, grande y fuerte, de unos cuarenta y cinco años y barba canosa.

Se sorprendió y cuchicheó:

—Ese tipo lleva años en el oficio, tiene agallas. Aléjate de él, no te conviene.

—Gracias por el consejo.

Me levanté, les dije a Genaro y Alba que nos íbamos.

Fui a pagar.

—Invita la casa. Vuelve cuando te apetezca.

Genaro me trató con respeto. Le había contado de las andanzas del viejo, pero lo tomaba a guasa. Era un poco graciosín. Estaba impresionado. No volvió a reírse del revólver (preciso y de suave gatillo). Cogimos un taxi y fuimos a casa. Me acosté con mi osito de peluche, todavía el perfume de Gloria, muerta hace seis días, estaba en el dormitorio, lo dejó allí después de dormir. Se marchó al despertar y dijo que iba a «arreglar unas cosas». Deshice sus maletas y colgué su ropa, limpié la habitación, cambié las sábanas. Desayuné y compré la prensa, Butragueño había metido un golazo. Regresó al atardecer y yo ya estaba loco por sus huesos. Me había acostado con una mujer de la que sólo sabía el nombre. Compartía el mundo con una mujer de la que sólo sabía el nombre. La realidad era otro mundo, anterior al que me había ofrecido. A su muerte debí olvidarlo y contentarme con el nuevo, no pude. No puedo.

No puedo ser tan mezquino, no asimilo la vida sin ella. Sin ella no concilio el sueño de las noches en las que hacíamos el amor abocados al silencio, no había sonidos, ni quejas, ni gemidos, sólo el roce de sus manos cerrándose en mi espalda, que arañaba, y sus uñas, uñas largas, me rasgaban la piel y luego veía las marcas en el espejo y ella sonreía. Después de arañar se humedecía la punta de los dedos y los deslizaba en mis labios, y con la punta de los dedos tocaba su sexo. Entonces me devoraban los celos. Entonces imaginaba que pensaba en otro. Detenía su mano, preguntando:

—¿Qué piensas?

Ella me abofeteaba y se daba la vuelta diciendo: «Déjame en paz.» Más tarde pedía perdón. Gloria refunfuñaba: «Está bien» y me besaba enredándose en mi cuerpo para convocar al placer, de madrugada, mientras agonizaba la luna, sus palomas abrían los ojos y gritaban, ella decía:

—Después de mí no quieras a otra mujer.

Lo decía convencida de ser la mejor. No puedo amar a otra mujer. ¿Cómo amarla si no conozco a la que fue amada?

A quien detesto, tanto como respeté.

18

ME LEVANTARON LOS BOCINAZOS del tráfico, me estiré, apenas caía nieve, sólo el sopor. Una ventisca se acumulaba en el hueco de la claraboya, erosionando las tejas, cimentadas en hileras como gusanos de barro, la paja había volado. Tenía el labio hinchado y la ceja, no sentía la ceja. Me apalearon, no me dejaron en paz. Se me habían estropeado las tripas. A Gloria le molestaban. Yo iba a ella. «No, Max, no me duele», mentía segura de que su dolor me asustaría, mentía a sabiendas de que no la creería. Sabía que me partía el alma, que no esperaría al dolor, que estaría atento a su presencia para, en cuanto se diese, mitigarlo. Pero el dolor la fulminó. Yo soy el dolor, a veces fui la razón.

Me duché con agua fría, tengo la costumbre hace años, Linda también se duchaba con agua fría, una manía que se trajo de Irlanda. Tengo la costumbre de enroscarme dos toallas, el tórax y la cintura. Me vestí con un jersey de punto y unos pantalones de pana gruesa, me calcé unos zapatos rojos y bajé a la calle. El conserje, que encontré en el ascensor, interrogó: «¿Qué le ha ocurrido?» «Tropecé.» Continué y traspasé la puerta de la cafetería saboreando el olor de una tarta recién hecha, tarta de queso, Gloria comía mucho queso y bebía mucho vino y no dormía, con lo que sus ojeras se prodigaban. Papá decía que había que dormir ocho horas mínimo. Papá decía una barbaridad de frases: «Si disparas ten el sol detrás y apunta al vientre.» «Si peleas pega primero y mantén la calma.» «Lávate los dientes después de cada comida.» «Haz ejercicio.» «Honra la memoria de tu madre, mató a un hombre que había violado a su hermana antes de asesinarla.» «Tu madre le roció de plomo y le cortó los testículos, tenía agallas.» «Tenía lo que ha de tener una mujer.» «Se daba gusto cocinando, el pavo le salía riquísimo.» «Ya has crecido —me dijo cuando cumplí 20 años—, algún día heredarás mi fortuna, no jugué limpio para conseguirla. Debes saberlo, maté a bastantes por conservarla. Por amor robé en algunos sitios, tu madre tenía lujos caros.»

Genaro estaba con Marta y Alba. Firmaba un contrato mediante el cual cedía la representación de su obra a la galerista, que a partir de aquella rúbrica haría las veces de marchante. Marta se incorporó guardando el papel, doblado como si fuera el mapa de un tesoro, en un compartimento del bolso, junto a la barra de labios y a la tarjeta de su novio, un mecenas afincado en Venecia que convertiría a mi amigo en el pintor más cotizado del continente. Después, durante una comida frugal, Genaro se comportó a merced de esa promesa, se le llenaba la boca de palabras que parecían vacuas ilusiones. Pero las ilusiones, nada estiladas hasta ese momento, le inyectaban una fuerza que Alba era incapaz de controlar. «Genaro el remilgado» pasaba a ser todo un tipo, y como tal, rehusaba el código que Alba había impuesto. «Vamos a casa», dijo. En el sótano, invadido por las pinturas, las plantas, las botellas y una colección de juguetes antiguos, juguetes de hojalata como trenes, aviones, coches, cubos y palas de playa, muñecas de loza, pequeños teatros de cartón, maquetas de barcos; se encendió un habano prescindiendo de su novia. El gato refunfuñó y Genaro le rompió el platito verde de porcelana en los lomos. ¡Qué osadía! *Remo* se agazapó bajo el sofá, clavando las uñas en el suelo, moteado de óleos y acuarelas. Alba se encendió como una bombilla, abalanzándose hacia mi amigo. «Malnacido, malnacido», aullaba la abogada golpeándole. La aparté, tranquilizándola mientras palpaba el lomo de *Remo,* en el que no había signos de violencia, aunque había sido dañado su orgullo. Alba puso al gato un collar verde, una correa verde, unas orejeras verdes y se esfumó cerrando con un portazo. Nunca supimos si aquella tarde *Remo* se la cepilló.

Abandoné al pintor, estaba deprimido y pensaba que había comenzado la ruptura. Se equivocaba, pues a eso de la medianoche Alba regresó y le tomó susurrándole consignas de mujer. Se había decidido por el hombre, dejando al gato con su madre. Pero a las cuatro de la mañana hizo presa de ella el desasosiego, que la empujó a ir en busca de *Remo* y devolverlo al hogar, donde la vida volvió a la normalidad. Genaro no se percató hasta que sonó el despertador, unas horas después, reservándose los comentarios por si acaso Alba cambiaba de opinión y trasladaba de nuevo el gato a casa de su madre, aunque a su habitación y con ella. Se había empeñado en colgar de las ventanas del sótano de Genaro los estores de la habitación de su madre, una anciana que viajó a Nicaragua, describiendo a su regreso los paisajes tropicales y clima. La madre de Alba tenía el pelo corto y canoso, la lengua afilada y el resquemor en la memoria de un musulmán que, casi con certeza, la había conquistado con las trampas de una ficción desertora.

Abandoné al pintor, estaba deprimido... Subí a casa. Abrí una cerveza y escuché una cinta de Tom Waits; cantaba quejumbrosamente, como si hubiera pasado los años bebiendo aguardiente. Cantaba al desierto que en las noches gélidas, noches de desesperanza, sepultaba a Gloria bajo toneladas de arena, asfixiándola de tal modo que tosía e iba por agua, la pureza decía. La pureza se escabullía desde la infancia, alejándose para revolcarse con un ángel, en cuyas alas anidaban las palomas, las de la fantasía, que tenían en común con las de la azotea un fuerte sabor a trigo, cielo y tormenta. Sus palomas, las del sueño, planeaban con un majestuoso aleteo. Recogían la lluvia con el pico, filtrándola en un gran colador compuesto de nubes, que atrapaban los residuos del mal, que la acechaba, amenazando convertir su corazón de niña en un ogro terrible y gris que me asolaría robándome las sábanas para dejarme a la intemperie de un desquiciado invierno. Entonces el hielo sería el patrón de todas las cosas, cuando las mismas alimañas que temía nos degollaran. Sólo la degollaron a ella. Son las cinco de la tarde.

Son las cinco de la tarde y un mensajero llamó a mi puerta, rondaba la veintena y sostenía en el brazo derecho el casco de la moto, firmé un recibo y me entregó una carta. La abrí, había una cuartilla en la que leí:

Le adjunto unos cuentos y un poema con una acotación significativa, que Gloria me envió hace unos meses. Pueden ayudarle.

LA ABUELA

Tenía gracia, terminaba «La abuela». Conmovedor.

La cuartilla se plegaba ocultando un sobre de menor tamaño, mi dirección estaba en el remite. Desdoblé los folios.

Las narraciones eran breves, como diarios

que no reflejaban actitudes emotivas. El poema constaba de nueve versos

No cederá la lluvia
sus nombres,
sus largas bocanadas de agua
en las Iglesias de Satán.
No cederá el pasado la memoria,
que retorna
que retorna con las cegadoras palabras
y una cesta de mimbre
y esperas.

Y una acotación larguísima:

Querida abuela. Vivo desde ayer con un hombre, se llama Max, un buen hombre. Creo que me he enamorado, me dejó leer por la noche, aunque tiene un fallo, le devoran los celos. No sé cómo explicártelo, también es muy hombre, me trata con ternura, y bueno, se le ocurren juegos, ya me entiendes, originalísimos. Me desnuda lentamente, no como el mal nacido de tu hijo. Max no me niega nada, intenta agradarme en todo momento, la verdad es que llega a cansar, pero se da cuenta y no se pasa. No le cuento mis problemas, no es necesario, los intuye, intentando alegrarme, es divertido, hace muchas tonterías. Prefiero que no me conozca. Puede que le asuste, suelo asustar a los hombres. A tu hijo, a pesar de cómo se portaba, le daba miedo, y eso que era valiente, cuando tenía la pistola en la mano. Quiero a Max, a lo mejor lo intimido y deja de amarme, para él soy una mujer enigmática, aunque de enigma posea lo que cualquiera. Acabo de escribir un poema, no lo entiendo, no me gustaría entenderlo.

Escribió que retornaron las esferas del pasado, quizás escribió que habían vuelto los problemas del pasado, que en ella fueron los de siempre, problemas que no había solucionado y en cuya sala se hallaba incapaz de cruzar el umbral, rodeada de penumbra y un dejo de amargura. No entendía, no le hubiera gustado entender el poema, que la afectaba, que rehuía.

La he visto morir.

Comienzo a comprender. «Prefiero que no me conozca.» A una mujer se la ama día a día, fascinándose con sus actos, lentamente. Al desnudarla, al compartir aquel extremo al que resulta imposible acceder, no se cultiva el deseo; sino que se nos aparece como un ser normal que nada tiene que ver con aquella que nos acunaba con su tacto y sus desvelos. Gloria no me concedió el privilegio de intentarlo.

Hojeé el correo, había una factura de la luz, una factura de la electricidad, una factura del teléfono. Y una carta del juez, que al levantar el cadáver ordenó que se efectuara la autopsia. Le pedí que me remitiese copia del dictamen forense. La copia me causó gran impresión, infundió la angustia y, sobre todo, concordaba con mis sospechas. No hubo derrame cerebral; Gloria, ingiriendo un tubo de anfetaminas, se había suicidado, quitándose de en medio. Se había suicidado y no pude adelantarme a su suicidio. Viviría el resto de los días asumiendo la culpabilidad, asumiendo que no preví la tristeza que la embargaba. Yo fui su bufón, su payaso, su títere, ¿y quién fue ella? Fue una mujer increíble que al final abdicó, rebajándose a matarse porque no soportaba desconocer el tiempo, que la regía, que la sumía en el terror. Un desconocimiento que la condujo a través de una historia frágil, frágil como el mimbre.

Agarré la botella, me di a la botella y al desconsuelo. Me harté de alcohol, me harté de ella, la suicida enamorada que crepitaba en el equilibrio de la vida, innecesariamente, como las ratas en los cubos de basura, royendo el desperdicio que otros depositaron.

Tengo una rara noción de tu muerte, hasta en eso me engañaste, con tu silencio me regalabas el beneficio de la duda. Yo qué iba a suponer, perdona mi ignorancia, que no fuera un derrame cerebral. Fallé en eso, erré constantemente en las pesquisas, el desenlace final, cavar la propia tumba, verte ahí, fría fría fría, liquidada, era una cábala. Ya conoces las cábalas, pequeña abominación, no se las toma en serio.

Fue el dolor de los horarios, la trepidación de las agujas del reloj, un día y otro día, de nuevo repetirte en las acciones, desayunar, decir un aburrido «Buenos días» comer fuera y a la cena «Buenas noches», dormir en un cuerpo de sobra conocido, normalmente, día a día, captabas el estremecimiento de las horas. Saltaste la barrera de la rutina, corazón, si lo cotidiano no está mal, el problema es saber dónde está. Pensabas que al crecerte en el absurdo, absurdo fue suicidarse (encima con anfetas, qué vulgar), enfocarías la existencia fuera de lo rutinario que era aspirar el «orín caliente» de la ciudad, y al cogerlo con el objetivo de las sensaciones, que jamás mienten, abarcarías en un plano la totalidad, difusos los colores, del amor. Tú, amante inexcusable de la muerte. Ya se te veía pasear con ella y el metal.

19

NO HE DORMIDO BIEN. Es mediodía. Como. Es media tarde. Reponían una de los hermanos Marx, pagué la entrada, Chico se había calado el sombrero tirolés, Groucho no se había recortado el bigote, Harpo birlaba el marco de una fotografía. El público se desternillaba de risa, cayó el telón y ahí, mezclada con la película, proyectada en una pantalla agujereada como un nazi cosido a balazos, se erguía la candente presencia de Gloria, y me duele la cabeza, y no sé en qué radica el antecedente del suicidio, su fatalidad. Antecedente que comenzó a formarse cuando escapaste de papá, que ganaba a los dados, y de tu aturdida mamá, que es muy gorda y huele a pocilga. Tu casa, la de tus padres, era una pocilga, era una pocilga el ambiente, el tipo de la moto también, una pocilga siniestra. Aurelio otra no muy diferente, que mañana a las ocho, me mostrará lo que tú no quisiste enseñar. El encanto, amor, sí que lo enseñabas, rompiéndote en un alud de movimientos que encerraban cualquier resistencia, haciendo que desistiera de enfadarme, enfado que se comportaba como la urgencia, que ordenaba agasajarte de mimo y compostura, atento a tus requerimientos, la esperanza decías.

En cuanto acabó la película compré unas palomitas, una coca-cola y cien gramos de golosinas, que mastiqué conduciendo a Montera, donde me apeé. Entorné la puerta del bar y oí al padre de Gloria, al final de la barra, discutiendo con tres sujetos. Me divisó y se acercó tambaleándose, olfateé whisky y tabaco de picadura, su miserable aliento.

—Buenas tardes, hoy pago yo. Dos cortos de leche —cacareó al camarero.

Sacó del bolsillo un billete grande y vislumbró por la luna del local a la prostituta de quince años, que respingó con la nariz y le guiñó un ojo.

—Ayer recibí el análisis forense. Gloria se suicidó.

Lloró y me esfumé. No merecía mi compasión.

20

FUI POR ALBA, su secretaria dijo que esperara, que estaba intrigando con el representante de un diplomático que pasó en valija un kilo de cocaína. Alba pediría la condicional. *Remo* estudió el terreno, no había peligro, maulló y la novia del pintor salió en seguida besándome las mejillas. Fueron besos avarientos, en la fugacidad de un instante, besos de saludo y no de despedida, como lo eran los de Gloria, al rugir el despertador. Al marcharse no sé adónde, acuciada por el tiempo que no descifraba aquellos jeroglíficos encaramados a las contingencias, que dirigía el destino, destino de anfetaminas y suicidio, unas veinte cápsulas de Dexidrinas y se alivió.

Alba me invitó a cenar en un restaurante árabe. De árabe tenía una decoración de pastiche y un maître con chilaba. Nos recomendó cuscús y pastel de hojaldre con ternera.

—¿Cómo va la ceja?

—La semana que viene me quitan los puntos.

—¿Has pensado lo del viaje? —cambió el tercio.

—No me queda mucho que hacer, sólo un par de asuntos y os acompaño.

—¿Relacionados con Gloria?

—¿Con quién si no?

—Tengo algo para ti, son un par de poemas. No se atrevió a dártelos, me pidió que los guardara. Ahora puedo entregártelos. El primero lo escribió cuando os conocisteis, el segundo después de acostaros.

El primero decía:

Cuando a ti llamo
no pierdas el tiempo
negando un sí
contando bajos los senos
un torrente de agua crecida
ante la piel ansiada
mientras ordenas la luz
imitando la locura más bella.

El segundo decía:

Ya blancura
en la inercia sometida
de un cuerpo. Por la sombra
vagan los naipes, una carta
subterránea
invade el triángulo.
Hay cavernas y gemidos
que adelgazan el roce.
Hay pozos de rubor
en el sonido, las notas
incendian con el afán del sudor.
El pentagrama rasga
el trémulo vaivén de las hojas,
acecha la partitura
un lecho amatorio.
Hay restos de madrugada
que se abrazan.
Hay labios y juncos de leche.

Los acontecimientos se disparaban. Averigüé que escapó del hogar. Averiguaba o intuía que amó a otro hombre, al tipo de la moto. Componía música, averigüé que tocaba el clarinete. No me dijo que escribiera poemas y los estoy leyendo. Me estalla la cabeza, paso a paso, voy desmigajando los enigmas, que coleteaban en mi mesa como agentes de la perversión.

—¿Qué te parecen? —preguntó.

—Me gustan.

—Los he leído cientos de veces; esos poemas duelen.

—No sabes cuánto.

Después de la cena nos sirvieron Arak, un licor anisado que nos embotó los andares, haciendo pesadas nuestras piernas, deambulamos con la flojedad del suicida, que tiene la fijeza en la ausencia, como Gloria, inmersa en el drama. Alba me besó en el descansillo, en la boca y con los labios cerrados. Estaba jugando conmigo, como jugaba con *Remo* y Genaro, o quería tratarme con ternura al borde del abismo. Ese beso no se repitió en el futuro, aunque a partir de entonces nos miramos con la complicidad de dos personas que pudieron haber pagado el peaje de la amistad con algo más que conversación. Subí en el ascensor, el trayecto fue eterno. Fue un trayecto en la memoria reciente de mis investigaciones. Cuanto más ahondaba, más personajes zafios, historias sórdidas y calamidades encontraba. No me evadiría del ruido de las olas, de su océano que no tenía orillas, que por no tener ni tenía cielo, una mancha de azul a la que observar como a un punto indeterminado. Por qué no te paraste a prescindir de los relojes de arena, cada grano que caía dejaba un hueco que tú rellenabas de sensaciones, después estallaba el envase y se mezclaban los granos y los sentimientos. Prometo que me atrevía a dividirlos, si me lo hubieras permitido, habría separado aquellos castillos de arena poniendo por medio miles de leguas, habría, como un artesano de la tierra, cultivado ese reino, si no me hubieras expulsado, con los matices que decías rodeaban de grandeza las insignificancias, con mi osito de peluche y tus palomas, con el zumo de naranja, la mermelada y la ingenuidad.

21

Utilizando la soberbia del ignorante, con aquella obstinación que era torpeza en el artificio del pasado, insistía en conocer la dolencia de Gloria durante los cinco años que estuvo con el tipo de la moto. Me levanté antes de que sonara el despertador. Entreabrí los ojos y alcancé a divisar el conjunto del salón: la mesa, forrada de tela azul (cuatro ruedas le servían de soporte), me había dormido en el sofá, de cuero marrón, volcando una cerveza en el color crudo de la moqueta; las estanterías y las obras completas de Salgari en edición rústica, regalo de Gloria; la discografía de Duke Ellington; un dibujo de Genaro; una lámpara de pie y los enchufes. Desayuné café y una pera de agua, vi la foto de mi chica, abajo aguardaban las cloacas, fumé un Chester sin boquilla, me embutí en unos vaqueros, en el gabán, pulsé el interruptor del ascensor y bajé a la calle.

La nieve empezaba a declinar y los copos, antaño bolas de billar, eran apenas un brote. Pero el frío persistía, consistente como un gigante de hielo que Thor, hijo de Odín, no pudo tumbar. Los pedazos de hielo sepultaban a una ciudad que no modificaba sus formas; yo me perdía, yo soy aquel que blasfemaba en los altares de Satán.

Caminé hasta la plazoleta en la que intercambié con Aurelio unas caricias, y la luna ya estaba difuminándose con la línea del horizonte, asistiendo al crecimiento del nuevo día, uno de tantos, un embrión de luz... Una plazoleta cuadrada en cuyo centro se elevaba la estatua de un libertador en actitud oferente y en cuyos laterales decrépitos vagabundos dormían o morían congelados. Aurelio, el bueno de Aurelio, fumaba al volante de un Volvo anaranjado y rectangular. Monté. Exterior madrugada.

—¿Ha traído el dinero?

Le mostré un fajo de billetes de diez mil, sonrió y arrancó. Se contorneó en el asiento, echó mano al bolsillo y sacó un sobre.

—Esto es un adelanto —dijo.

Rasgué el sobre, había una fotografía de Gloria desnuda de cintura para arriba. No me gustó.

—Explíquemelo.

—No sea impaciente.

Apretó los dientes y fumó un cigarrillo, tenía un moratón en el lado derecho de la mandíbula. Llegábamos a un barrio de la periferia, dejamos atrás unas naves de almacenaje. Tomamos un callejón y frenamos ante un muro que lo cortaba. Aurelio extrajo un manojo de llaves de la guantera. Nos apeamos e hizo girar una llave en la cerradura de la puerta metálica, adosada al muro, pintada de rojo y vigilada por dos cubos de basura. Subimos por unas escaleras y dimos con una maderería; en las paredes se alineaban listones de diverso grosor y calidad; en el suelo, dispersa sobre los baldosines, había viruta. La estancia se ensanchaba hacia la mitad, donde se divisaba una mesa, albaranes, un ordenador, bolígrafos y una caja de cartón que tenía escritas las palabras ROBLE ALEMÁN. Aurelio se aproximó a la caja y asió una carpeta del interior, que me tendió. Las respuestas.

Una carpeta de plástico que abrí y en la que observé a Gloria desnuda y fotografiada, desnuda con el tipo de la moto, en una cama. Otra fotografía en otra cama, muchas fotografías de Gloria que lo estaba haciendo, se lo hacía al tipo de la moto. Fotografías que vi al poco, traspapeladas a unas revistas pornográficas. En todas acariciaba al tipo de la moto, desnudo y Gloria le cogía el sexo y Gloria, en bastantes, estaba de espaldas y el tipo de la moto la aplastaba, y Gloria ponía cara de asco y el tipo de la moto, peludo y obsceno, abriendo ratas en canal con las cuchillas del silencio, babeaba.

—El dinero.

Lo empujé contra un listón y lo amenacé con el puño.

Dijo:

—Yo he cumplido, cumpla usted y deme el dinero.

Me sosegué e interpelé:

—¿Cómo la convencieron?

—No lo sabía. Se desnudaba y se acostaba. Yo me escondía en el balcón y la fotografiaba.

Le entregué el dinero. Me indicó la salida, me fui y paré un taxi. Estaba en casa.

Tenía quince años, era la ternura y un viento racheado acosaba la claraboya. La cerré y las revistas volaron y una se abrió en la página de Gloria, con el tipo de la moto que la engañaba y hacía negocio con su figura. El lucro duró cinco años. Los once siguientes, ¿dónde estuviste? Con quince años ya tenías un cuerpo adulto y esa mirada de la desesperación. Debía limpiar tu nombre, castigar al tipo de la moto y a Aurelio. El viejo decía que a una mujer se la venga con sangre. Recogería su herencia y la de Linda, no estoy seguro, siempre huí de esa llamada. Pero Gloria, te amé tanto que ahora que sé de los secretos...

Desperté de anochecida. Había botellas de ginebra a mi alrededor. Bebí a palo seco, por la mañana, indeciso sobre el destino. Continuaba indeciso. Me aseé y fui al Delany. Elena salía y yo iba a entrar.

—Vente, Max.

Me condujo hasta el Cascanueces, un bar en la calle San Lorenzo. Saludó a un tal Alejandro, que nos sirvió dos aguardientes, limón y sal. Los trasegamos.

—Tengo que ver a Miguel.

—Que espere —contestó Elena.

Gloria me hacía esperar, yo adelantaba la pierna y la embarcaba con mis abrazos, ella se retenía, fomentando el silencio, tan tremendo. A veces no se retenía, se daba media vuelta y se largaba. «No me apetecía», exclamaba al regresar de algún sitio, el cabello como un revoltijo de azabaches; decía: «Perdona, no me encuentro bien.» Al menos podías haberte encontrado a ti misma. Perdona, sé que lo intentaste y al fracasar... Hay cantidad de fracasos... Serán los triángulos de la derrota. Lo siento, recuerdo el suicidio y las anfetas. ¿Y el sufrimiento, corazón, tan profundo resultaba que te empujó a la cobardía? Te juzgo, amor, no queda más remedio, a corazón abierto. Te juzgo y condeno a vagar por los paisajes del dolor, es lo que querías, tú, que odiabas las maneras de la inocencia. Tú, de ti las hadas escaparon, entonces llamaste al Señor Oscuro. Él te acogió. Te alimentó y se te llevó, te hizo la reina de sus concubinas. No creas que el Señor Oscuro sólo brega contigo y las tinieblas, es muy vanidoso y la codicia le ciega, quizás seas su reina, pero más que una reina eres una sierva de juguete. Su príncipe, el tipo de la moto, ya te había ganado para él, y para los demás que te rozaron a través del papel, a través de unas fotografías por las que han de morir dos, tal vez, no sé si escucharé la llamada de mis padres.

Quisiera excluirme, renegar con la cobardía que tú renegaste de la vida, ser yo y no haberte conocido atiborrada de ginebra, particularmente atractiva. Oyes cómo retumban los fantasmas, me animaron a perseguir tu memoria, investigando los olores, los ruidos de los animales que con tu venia cazaron bajo los páramos, que machacaron las certezas y se alimentaron de mi tristeza.

—¿Qué piensas?

—Sabes, Elena, Gloria se suicidó.

22

MIGUEL CERRÓ EL DELANY y me invitó a su casa. Elena se había acodado en la barra del Cascanueces y no se apartó de allí. Me estiré en la alfombra, me apoyé en unos cojines, abrí una cerveza y eché un trago. Me había convencido, iba a cargármelos por amor, como en las leyendas, con la salvedad de que nos hallábamos en el ocaso del siglo XX, un siglo que no estaba para estas leches. Por qué no iba a matar, mantendría la tradición, fácil, como el viejo, se aprieta el gatillo y vuelan los sesos. La doncella de este cuento no se salvaba, no era doncella, la habían poseído las miradas de unos maníacos en los kioskos de la calle, expuesta a venta pública. Tampoco falleció en medio de un fuego cruzado, ni la cantaban los mirlos. En cambio, sí las palomas, palomas voraces que no atañen a nadie. «Mis mascotas», decía.

—Miguel, me hace falta el revólver.

Se dirigió a la alacena y cogió una caja de zapatos, sacó el revólver. Me lo tiró.

—Cógelo, es tuyo.

Giré el tambor, estaba limpio. Deslicé el pulgar por el percutor y lo escondí entre el cinturón y la espalda.

—Necesitas ayuda.

—Te lo agradezco, Miguel; pero es algo que he de resolver solo.

—¿Vas por ellos?

—Qué remedio.

Me abroché el gabán y salí.

Exterior noche. Fui al ático, lo limpié, ordené las prendas de Gloria, quité el polvo. Quería borrar su imagen. Rompí el marco de su fotografía, quemé sus libros, las revistas pornográficas y el recuerdo, estaba a punto de liberarme. Me lavé los dientes. Miré el espejo y dije: «Deséame suerte, viejo.» Comprobé el revólver, funcionaba perfectamente. No tenía munición, la había gastado practicando. Los amigos de mi padre me la proporcionarían. Busqué un teléfono. Llamé al garito donde se había hecho un hombre; comunicaba. Dejé el listín en la mesa y sonó el timbre de la puerta. La entorné y vi a la fulana de Aurelio, a la pelirroja. Vestía una malla y un chaquetón de pieles plateadas.

—Hola, encanto. Probamos tu aparato.

—Lárgate.

—Aurelio dice que estés mañana a las ocho en el mismo sitio, te va a contar cómo acaba la historia de Caperucita. Lleva pasta, la misma cantidad, en billetes nuevos.

Le cerré en las narices. Aurelio pretendía venderme nueva información, me sobraba información, como a él la vida. Fumé un cigarrillo y lo apagué en el lavabo, me afeité, cogí una chocolatina, fui a la calle, arranqué el escarabajo de Gloria y enfilé rumbo al café en el que halagaron al viejo. Unas pulgadas más y la luna estaría llena.

Aparqué mal, abrí la portezuela del coche y peinó el viento en abanico, había gruñidos de animales que masticaban comida. Entré en el garito y fui a la barra, el camarero me invitó a un trago de ron. Me habló del viejo, repitió que era calcado a él. Dijo que el viejo tenía valor y acero en las venas.

—Venía a pedirle un favor.

—Cualquier cosa, lo que quieras.

—Necesito munición.

—Acompáñame.

Levantó la barra y pasé dentro. Franqueé una puerta y recorrí un pasillo. Me encontré en un cuarto empapelado de cartón, había una mesa, una tartamuda y una diana en la pared.

—Dame el arma.

Se la dejé.

—Tu padre me salvó la vida con este revólver.

Se acercó a un armario, hurgó en su interior y sacó una bolsa, cogió unas balas del 38 y las introdujo en el tambor. Apuntó a la diana, apretó el gatillo seis veces y acertó las seis.

—Rula como si fuera nuevo, no se encasquillará.

Me lo devolvió y me alcanzó las balas. Lo recargué.

—Ten cuidado, hijo; van por tu piel.

—Tengo la piel dura.

Agarró una petaca del armario y pegó un sorbo.

Dijo:

—Por él.

Faltaban cuarenta y cinco minutos para las 8, llevaba tres horas en la plazoleta. Aguanté diez días en los albores de la locura, que me atosigaba con los remordimientos. Mañana era Noche Vieja, una fecha idónea para morir. Encendí un cigarrillo y me toqué la costra del labio, la hinchazón había mermado, pero todavía me escocía. Aurelio tenía buenos puños y sabía hacer su trabajo. Yo era un principiante, aunque lleno de recomendaciones; aquellas tardes en el salón de tiro, bajo la protección del viejo, me habrían de servir para algo.

Mira, Gloria, la porquería que me rodea. Mira cómo se despedazan los pájaros y se recluyen en el calor, los pájaros que emigran. Un mal de amor. Mira los traficantes, tú, que traficabas con las incógnitas. Mira los niños del napalm, las iglesias, las macetas que respiran carbono. Mira la ciudad provinciana, los cojos que hollan las calles, los monosílabos, los tuertos y las transfusiones, las transgresiones, las transfiguraciones. Mira los ventanales (reflejan suciedad), las bocas de Metro, los matones. Mira al tipo de la moto, a las prostitutas de Montera, a Aurelio. Mira y repudia la cofradía con la que enarbolaste la existencia. Existir, amor, íntimamente, te resultó un calvario. Fuiste derrumbando-derrumbándote-derrumbándome en las pantallas que guarecían las bombillas, una luz artificial. La vida es una putada. Son las 8.

Aurelio aparcó en una esquina de la plazoleta y se apeó con la fulana pelirroja. Vadearon un matorral y se aproximaron.

—Trajo el dinero.

—Aquí lo tengo —me palpé la pechera del gabán. Era falso.

—Montemos en su coche.

—¿Dónde vamos?

—Tranquilízate, monada —habló la pelirroja.

—Lo sabrá luego —dijo Aurelio.

Subimos al descapotable, de fabricación alemana. Arranqué y salimos de la ciudad, los neones se alejaban confundidos con la distancia.

23

RODAMOS UNOS CUARENTA KILÓMETROS, estaban en obras y la marcha fue lenta. Resultaba increíble la cantidad de gente que a estas horas, con las primeras luces matutinas, iba de viaje o trabajaba fuera de la ciudad, que era un punto indivisible en la lejanía, yaciendo bajo un manto negro propagado por la respiración de las fábricas y los coches: el pulmón del mundo. Nos desviamos por una carretera comarcal, atravesando, ocasionalmente, unas fanegas preparadas para el drenaje. La fulana, sentada en el asiento posterior, fumaba una pipa de exiguas proporciones, de cazoleta rosa y boquilla amarillenta. Un humo desagradable que hacía toser a Aurelio (la mayor parte se condensaba en el aire, que invadía a ráfagas el escarabajo descapotado), embozado en un traje beige y una corbata azulada. La cazadora de cuero iba en los hombros de la pelirroja, que se llamaba Bera y hablaba con un ligero acento anglosajón, con lo que revelaba su procedencia. Bera gastaba largas piernas, y el escote, en el que se perfilaban unos pechos abultados y pecosos, era triangular y abotonado con un broche de plata. Calzaba zapatos de tacón alto y la coronaba un sombrero de ancha ala. Era una preciosidad, una preciosidad rematadamente peligrosa; se sabía la maldad en su mirada y su cuerpo suscitaba un volcán de placer, medido según los cánones: 90-60-90. Bera se pasó el trayecto tarareando una canción mientras azuzaba con las palmas en el respaldo de mi asiento. Aurelio no abrió la boca.

Vimos una indicación que surgía de unos matorrales y la seguimos tomando una bifurcación, ésta mal asfaltada y comarcal, para detenernos en el arcén, a una hora de viaje. Paré el motor y nos apeamos. Se olfateaba la traición.

Bera me dio la espalda y pareció otear unas lomas que se aunaban con la línea del horizonte, lomas nevadas, cuya vegetación se averiguaba a ambos lados de un río que circulaba por las rocas, llegando hasta nosotros en forma subterránea, el ruido se oía bajo los pies.

Bera volteó la cabeza y sonrió como un emisario del mal, sonrió perfecta y tenebrosa. Bera echó mano a la cazadora. Bera sostuvo una Star reluciente y limpia, y me apuntó a la entrepierna diciendo:

—Terminó el viaje.

—Dese la vuelta —acotó Aurelio.

Roté 180°. Bera continuaba sonriendo, Bera me golpeó en la nuca. Quedé inconsciente.

Desperté dolorido (me habían sustraído el revólver), en un gallinero, un recinto de techo bajo y alumbrado por un candil eléctrico. Me revolví en el pavimento, alfombrado de paja. Me apoyé en unas ponederas cuadriculadas, pegadas a la pared. En la de enfrente, sobre unos recipientes de yeso, dormitaban las gallinas, vigiladas por un gallo de cresta sanguinolenta que me miraba de reojo. En el ambiente se desvanecía el acre vapor del estiércol, el murmullo de los insectos y una cerrazón insana.

Me erguí y caminé hacia la puerta, estaba atrancada, a su izquierda se trazaba un ventanuco enrejado. Me senté en el suelo, infecto de odio, incluso quería odiar a Gloria, odiarla con la mezquindad de un asesino que desbarata los planes de la vida. Odiarla con la frialdad de Linda, que cortó los testículos de un hombre que también odiaba y violó a su hermana. Pero el sacrilegio no me era permitido por su espectro, recogido en la memoria de diez días con sus respectivas indagaciones; empujándome a liquidar el resentimiento, espero, al sesgar el aliento del tipo de la moto y Aurelio. Bera viviría.

Estaba anocheciendo y las gallinas, impávidas ante el espectáculo de la nieve que regaba los campos, cacareaban; un forastero había invadido sus dominios. Estaba anocheciendo y entornaron la puerta. Entraron Aurelio y el tipo de la moto.

—Tiene mal aspecto.

—Dadas las circunstancias no me puedo quejar.

—Cómo fue tan ingenuo al pensar que Aurelio me involucraría sin más. Querido Max, los errores se pagan. No debió hacer tantas preguntas. Mire, Gloria era una mujercita encantadora, sabia en la cama, aunque algo remilgada. La criatura descubrió el pastel, no le gustaron las fotos y se marchó.

Fui a machacarle la cara y me encañonó con firmeza.

—Relájese, amigo. Vamos a lo nuestro. Me

firma un cheque por valor de diez millones y le dejo irse.

—Ni lo sueñe.

—No sea estúpido, firme.

—Oblígueme.

—Enséñale un poco de cortesía.

Aurelio me asestó un puñetazo en la ceja. Se descosieron los puntos y sangró, empapando el vendaje. Me doblé.

—Tómelo con calma, ya verá como después de unas sesiones firma.

—Sí —asentí sonriendo de medio lado.

—Mañana termina el año. Aurelio le dará las uvas. Le encantarán, estoy seguro.

—¿Ha acabado ya?

(Silencio.)

—Hasta pronto —concluyó.

Un 31 de diciembre me levantó el canto del gallo. Mi ceja era pasto del pus y los microbios. Estaba agotado y hambriento e impregnado por las defecaciones de las aves. Cogí un huevo de las ponederas, hinqué en un extremo el alambre que había logrado arrancar del ventanuco, haciendo un agujero por el que sorbí. Bebí el agua turbia de las gallinas y casi devolví las tripas. Me ardía el estómago.

Pasada la tarde estaba mejor. Urdí un plan para escapar y matarlos. Un plan insensato que carecía de lógica alguna, y del que desistí un rato después. Era necesario salir, pero cómo. No había una maldita abertura en todo el gallinero. Hube de reconocerlo, me hallaba a merced de la suerte, buena o mala, pero suerte a fin de cuentas. Buena ya que me facilitó las cosas una visita inesperada.

Apareció Aurelio.

—Tiene compañía —masculló.

No daba crédito a mis ojos. Frágil pero incombustible, soberbia de rostro y enigmática, franqueaba el umbral la abuela.

—Aguarde fuera —se dirigió al lacayo.

—Como usted mande —repuso y se retiró.

La abuela se plantó a un paso de mí. Era desconcertante verla en esta situación. El dolor.

—¿Le han hecho daño?

Estaba claro que me habían hecho daño. De todas formas ironicé:

—No me han roto ningún hueso.

—Permítame.

Me limpió la herida con un pañuelo.

—Siento verle de esta manera.

—Lamentable —ironicé de nuevo.

—No la pague conmigo, de verdad que lo siento. Gloria le quería, no como al mal nacido de mi hijo. No debí traerle al mundo.

—Sabía lo de las revistas.

—Desde el primer día, pero no me atreví a enfrentarme. Es terrible, tengo miedo de mi propio hijo. Usted podría liberarme.

—¿De qué modo?

—Tenga esto. Haga lo que deba hacer.

Me alcanzó un puñal y tembló. Escupía venganza. Tamborileó en la puerta y se fue con Aurelio, que la seguía como un perrito faldero.

Noche Vieja, las 11. Noche Vieja y Gloria se suicidó y posó para las revistas. La luna se ahorcaba en el firmamento.

Interior. 11.30 h. Esta noche las estrellas irradiaban un brillo cegador, intensificado por la nieve, que caía con más fuerza. La ausencia de Gloria se hacía presencia y las gallinas chillaron, agudas como sus palomas.

12 h. Las doce campanadas y en el nuevo año morirán dos.

12.05 h. Aurelio llegó y Aurelio estaba borracho y Aurelio dijo:

—Vengo a que se trague las uvas.

Agitaba una porra de goma. Los ojos inyectados de violencia y baba de rabia.

Me incorporé y sostuve el puñal. Linda mató a un hombre. Tronó la nieve. El viejo a bastantes. Me latigó un escalofrío, el recuerdo de Gloria. Las venas, acero en las venas. Moví el puñal, cortaba el viento. La nieve, la placidez del frío. Se lo clavé en el corazón, el recuerdo de Gloria. Un mal de amor. Expiró y dejé que se desangrara como un cerdo. Recé para que su carroña fuera pasto de los buitres. El infierno estaba en mí, estuvo en Gloria.

Crucé la puerta. A unos cien metros se elevaba un casón repleto de ventanales, en cuyo interior bailaba una multitud festejando la Noche Vieja. Reconocí en los invitados a políticos de pasillo y a algunos asiduos a la prensa del corazón. Caminé bordeando un maizal, Aurelio estaba muerto. Rodeé el casón y entré por la puerta de servicio. La oscuridad me protegía, me protegía Gloria y pasé desapercibido ascendiendo unas escaleras de caracol que concluían en un despacho: madera de caoba, lámparas de fino cristal, libros encuadernados en piel, estanterías, un tresillo de cuero y un escritorio, situado ante un mirador. Me acerqué, abrí los cajones y encontré mi revólver, la culata de nácar, estaba cargado.

Me senté a esperar, en la espera escuché nubarrones azules de cielo.

A eso de las 8 chirrió el pomo. El tipo de la moto estaba ahí.

—Voy a matarle —dije.

«Si disparas ten el sol detrás y apunta al vientre», me aconsejaba el viejo en la galería de tiro. Detrás no lucía el sol, pero sí una luna completamente llena donde se vencía la nieve, ahora furibunda. Un mal de amor. Linda mató a un hombre, y el viejo a bastantes. Apunté al vientre. Pedía clemencia y sudaba terror. Acaricié la culata, brillaba, brillaba. «Vendrá una muerte rápida y te quitará de en medio», decía Gloria. La sombra de una palona comenzó a crecer en la luna, una sombra terrible que agoraba un rastro de sangre. Retrasé el percutor, la nieve crujió al caer con renovada fuerza, el recuerdo de Gloria. Apreté el gatillo, la paloma copaba la blanca esfera de la luna. Acerté en el vientre. La sombra de la paloma gritó y comenzó a menguar, la nieve disminuyó y el tipo de la moto se quejaba, se quejaba y descargué otro tiro entre sus cejas. Estaba amaneciendo.

24

TOPÉ CON EL CONSERJE, que olió un aroma de sangre en mi camisa e interrogó:

—¿Qué le ha ocurrido?

—Saldé una cuenta.

Subí a casa. Metí en una maleta un par de mudas, la foto de Gloria, la botella de ginebra y mi osito de peluche, siempre viajo con mi osito de peluche. Llamé al ascensor y me fui de vacaciones con Genaro, Alba y el gato. Cesó la nieve.

25

ESTOY EN UN BARCO. Estoy de vacaciones. He rociado de plomo su cuerpo, he construido la historia de la sangre. He limpiado tu nombre. Viviste cinco años con él. Los once siguientes ¿dónde estuviste?

NOVELAS GALARDONADAS
CON EL PREMIO ATENEO DE SEVILLA

1969 / *La sombra de las banderas.* Manuel Pombo Angulo
1970 / *Pepa Niebla.* Torcuato Luca de Tena
1971 / *Del ático al entresuelo.* Pedro Pablo Padilla
1972 / *Epitafio para un señorito.* Manuel Barrios
1973 / *Se vende un hombre.* Ángel María de Lera
1974 / *Todavía...* Rodrigo Royo
1975 / *Manú.* Cristóbal Zaragoza
1976 / *Planicio.* José Luis Olaizola
1977 / *Memorias inéditas de José Antonio Primo de Rivera.* Carlos Rojas
1978 / *Un viento que pasa.* José Salas y Guirior
1979 / *En Canarias se ha puesto el sol.* Jordi Sierra i Fabra
1980 / *Soy la madre.* Carmen Conde
1981 / *Toda la noche oyeron pasar pájaros.* José Manuel Caballero Bonald
1982 / *Las cabañuelas de agosto.* Antonio Burgos
1983 / *El volumen de la ausencia.* Mercedes Salisachs
1984 / *La vieja del molino de aceite.* Santiago Lorén
1985 / *El Griego.* Jesús Fernández Santos
1986 / *Morir en Sevilla.* Nicolás Salas
1987 / *Tres chicas y un forastero.* Emilio Romero
1988 / *La duda inquietante.* José María Gironella
1989 / *Uno se vuelve loco.* Daniel Múgica

NOVELAS GALARDONADAS CON EL
PREMIO EDITORIAL PLANETA

1952. EN LA NOCHE NO HAY CAMINOS. *Juan José Mira*
1953. UNA CASA CON GOTERAS. *Santiago Lorén*
1954. PEQUEÑO TEATRO. *Ana María Matute*
1955. TRES PISADAS DE HOMBRE. *Antonio Prieto*
1956. EL DESCONOCIDO. *Carmen Kurtz*
1957. LA PAZ EMPIEZA NUNCA. *Emilio Romero*
1958. PASOS SIN HUELLAS. *F. Bermúdez de Castro*
1959. LA NOCHE. *Andrés Bosch*
1960. EL ATENTADO. *Tomás Salvador*
1961. LA MUJER DE OTRO. *Torcuato Luca de Tena*
1962. SE ENCIENDE Y SE APAGA UNA LUZ. *Ángel Vázquez*
1963. EL CACIQUE. *Luis Romero*
1964. LAS HOGUERAS. *Concha Alós*
1965. EQUIPAJE DE AMOR PARA LA TIERRA. *Rodrigo Rubio*
1966. A TIENTAS Y A CIEGAS. *Marta Portal Nicolás*
1967. LAS ÚLTIMAS BANDERAS. *Ángel María de Lera*
1968. CON LA NOCHE A CUESTAS. *Manuel Ferrand*
1969. EN LA VIDA DE IGNACIO MOREL. *Ramón J. Sender*
1970. LA CRUZ INVERTIDA. *Marcos Aguinis*
1971. CONDENADOS A VIVIR. *José María Gironella*
1972. LA CÁRCEL. *Jesús Zárate*
1973. AZAÑA. *Carlos Rojas*
1974. ICARIA, ICARIA... *Xavier Benguerel*
1975. LA GANGRENA. *Mercedes Salisachs*
1976. EN EL DÍA DE HOY. *Jesús Torbado*
1977. AUTOBIOGRAFÍA DE FEDERICO SÁNCHEZ. *Jorge Semprún*
1978. LA MUCHACHA DE LAS BRAGAS DE ORO. *Juan Marsé*
1979. LOS MARES DEL SUR. *Manuel Vázquez Montalbán*
1980. VOLAVÉRUNT. *Antonio Larreta*
1981. Y DIOS EN LA ÚLTIMA PLAYA. *Cristóbal Zaragoza*
1982. JAQUE A LA DAMA. *Jesús Fernández Santos*

1983. LA GUERRA DEL GENERAL ESCOBAR. *José Luis Olaizola*
1984. CRÓNICA SENTIMENTAL EN ROJO. *Francisco González Ledesma*
1985. YO, EL REY. *Juan Antonio Vallejo-Nágera*
1986. NO DIGAS QUE FUE UN SUEÑO (MARCO ANTONIO Y CLEOPATRA). *Terenci Moix*
1987. EN BUSCA DEL UNICORNIO. *Juan Eslava Galán*
1988. FILOMENO, A MI PESAR. *Gonzalo Torrente Ballester*